Abuso do Poder Religioso nas Eleições

www.lumenjuris.com.br

Editor

João Luiz da Silva Almeida

Conselho Editorial Brasil

Abel Fernandes Gomes
Adriano Pilatti
Alexandre Bernardino Costa
Ana Alice De Carli
Anderson Soares Madeira
André Abreu Costa
Beatriz Souza Costa
Bleine Queiroz Caúla
Bruno Soeiro Vieira
Daniella Basso Batista Pinto
Daniela Copetti Cravo
Daniele Maghelly Menezes Moreira
Diego Araujo Campos
Emerson Affonso da Costa Moura
Enzo Bello
Firly Nascimento Filho
Flávio Ahmed
Frederico Antonio Lima de Oliveira
Frederico Price Grechi
Geraldo L. M. Prado

Gina Vidal Marcilio Pompeu
Gisele Cittadino
Gustavo Noronha de Ávila
Gustavo Sénéchal de Goffredo
Henrique Ribeiro Cardoso
Jean Carlos Dias
Jean Carlos Fernandes
Jeferson Antônio Fernandes Bacelar
Jerson Carneiro Gonçalves Junior
João Marcelo de Lima Assafim
João Theotonio Mendes de Almeida Jr.
José Ricardo Ferreira Cunha
José Rubens Morato Leite
Josiane Rose Petry Veronese
Leonardo El-Amme Souza e Silva da Cunha
Lúcio Antônio Chamon Junior
Luigi Bonizzato
Luis Carlos Alcoforado
Luiz Henrique Sormani Barbugiani
Manoel Messias Peixinho
Marcelo Pinto Chaves

Marcelo Ribeiro Uchôa
Márcio Ricardo Staffen
Marco Aurélio Bezerra de Melo
Marcus Mauricius Holanda
Maria Celeste Simões Marques
Milton Delgado Soares
Murilo Siqueira Comério
Océlio de Jesus Carneiro de Morais
Patrícia Tuma Martins Bertolin
Ricardo Lodi Ribeiro
Roberta Duboc Pedrinha
Salah Hassan Khaled Jr.
Sérgio André Rocha
Simone Alvarez Lima
Thaís Marçal
Valerio de Oliveira Mazzuoli
Valter Moura do Carmo
Vânia Siciliano Aieta
Vicente Paulo Barreto
Victor Sales Pinheiro
Vinícius Borges Fortes

Conselho Editorial Internacional

António José Avelãs Nunes (Portugal) | Boaventura de Sousa Santos (Portugal)
Diogo Leite de Campos (Portugal) | David Sanches Rubio (Espanha)

Conselheiros Beneméritos

Denis Borges Barbosa (*in memoriam*) | Marcos Juruena Villela Souto (*in memoriam*)

Filiais

Sede: Rio de Janeiro
Rua Newton Prado, n° 43
CEP: 20930-445
São Cristóvão
Rio de Janeiro – RJ
Tel. (21) 2580-7178

Maceió
(Divulgação)
Cristiano Alfama Mabilia
cristiano@lumenjuris.com.br
Maceió – AL
Tel. (82) 9-9661-0421

Peterson Almeida Barbosa

Abuso do Poder Religioso nas Eleições

A Atuação Política das Igrejas Evangélicas

3ª tiragem

Editora Lumen Juris
Rio de Janeiro
2024

Copyright © 2020 *by* Peterson Almeida Barbosa

Categoria: Direito Eleitoral

PRODUÇÃO EDITORIAL
Livraria e Editora Lumen Juris Ltda.

Diagramação: Rômulo Lentini

A LIVRARIA E EDITORA LUMEN JURIS LTDA.
não se responsabiliza pelas opiniões
emitidas nesta obra por seu Autor.

É proibida a reprodução total ou parcial, por qualquer
meio ou processo, inclusive quanto às características
gráficas e/ou editoriais. A violação de direitos autorais
constitui crime (Código Penal, art. 184 e §§, e Lei nº 6.895,
de 17/12/1980), sujeitando-se a busca e apreensão e
indenizações diversas (Lei nº 9.610/98).

Todos os direitos desta edição reservados à
Livraria e Editora Lumen Juris Ltda.

Impresso no Brasil
Printed in Brazil

CIP-BRASIL. CATALOGAÇÃO-NA-FONTE

B238a

Barbosa, Peterson Almeida
Abuso do poder religioso nas eleições : a atuação política das igrejas evangélicas / Peterson Almeida Barbosa.
– Rio de Janeiro : Lumen Juris, 2020.
228 p. ; 23 cm.

Bibliografia : p. 201-215.

ISBN 978-65-5510-248-2

1. Direito eleitoral. 2. Abuso de poder. 3. Religião e política - Brasil. 4. Igreja evangélica brasileira. 5. Liberdade
religiosa. I. Título.

CDD 342.8107

Ficha catalográfica elaborada por Ellen Tuzi CRB-7: 6927

*A Nossa Senhora, pela interlocução
de sempre com o Criador;*

*A Zé Milton e Carol, minhas maiores
conquistas, com o perdão das preciosas
horas roubadas de seu convívio;*

*A Andréa, sem cuja força, inteligência
e apoio eu não teria conseguido;*

*Aos Procuradores Gerais de Justiça do
Ministério Público de Sergipe, Rony Almeida
e Eduardo d`Ávila, cujo pronto auxílio foi
imprescindível à realização deste sonho;*

*E a Henrique, mais que um orientador,
um irmão nesta vida e, para mim,
um enorme espelho.*

Prefácio

O livro de autoria do Promotor de Justiça, em exercício de funções eleitorais, e professor Peterson Almeida Barbosa instaura a discussão de um relevante e oportuno tema no Brasil: a questão do abuso do poder religioso na matéria eleitoral.

Para tanto, apresenta ao leitor a liberdade religiosa em seus contornos práticos, traçando a historicidade necessária à compreensão do secularismo estabelecido nas democracias ocidentais, e, sobretudo, no Brasil.

Trilha, em sua exposição, com bastante desenvoltura, usos e costumes, rituais e teologias das mais diversas religiões e crenças, sempre expondo as linhas tênues de separação entre Estado e Religião, e as tensões ainda hoje existentes.

Dedica especial atenção, com as devidas justificativas, às igrejas evangélicas, seus cultos e suas teologias.

Partindo da construção histórica dessas confissões religiosas, desde suas origens em outros países até sua consolidação no Brasil, as igrejas evangélicas – com atenção especial à Igreja Universal do Reino de Deus – são analiticamente estudadas e expostas pelo autor, que, com brilhantismo, oferece ao leitor a compreensão das teologias que as lastreiam.

Os objetivos dessas confissões religiosas são claramente expostos na obra, servindo-se o autor da compreensão histórica da separação de poderes para identificar sua mitigação – para dizer o mínimo – por algumas confissões religiosas.

Identifica, no sentido contrário da força e da organização desses entes, uma dispersão, uma ausência de uma resposta estruturada e contundente do Estado em proteger sua autonomia em face da religião em seu ponto mais sensível: a participação das igrejas evangélicas, especialmente as neopentecostais, no processo eleitoral.

O autor, com acurácia, sustenta a necessidade de um maior controle por parte do Estado para assegurar a normalidade e legitimidade em pleitos eleitorais. Traz, para os aplicadores do direito, um conjunto de precedentes relevantes sobre o tema.

Elenca um conjunto de soluções já adotadas por países que enfrentaram idêntico problema, e inova ao identificar, através de medidas de natureza legislativa, a necessidade de se suprir uma lacuna normativa, defendendo a incorporação à tríade legislada (abusos do poder político, econômico e midiático) da nova figura do abuso religioso.

O ponto alto da obra é a defesa intransigente – e por vezes o óbvio é o mais difícil de ser dito – da normalidade (igualdade entre candidatos) mas também da legitimidade (eleitos sem vícios) das eleições. A dissertação acadêmica foi construída por um pesquisador com mais de 23 anos de experiência e de atuação prática em eleições, inclusive na coordenação de órgãos especializados no tema no âmbito do Ministério Público Eleitoral.

Com ampla bibliografia, e lastreada na compreensão central da Constituição Federal no sistema jurídico nacional, a obra que temos a honra de prefaciar, e que tivemos a grata satisfação de acompanhar a sua elaboração, na qualidade de orientador junto ao Programa de Direitos Humanos da Universidade Tiradentes (PPGD/UNIT/SE), tem tudo para se tornar leitura de referência na compreensão do tema central – o abuso do poder religioso na atuação política das igrejas evangélicas no Brasil.

Portanto, é com muito entusiasmo que recebemos a obra do professor Peterson Almeida Barbosa.

Prof. Dr. Henrique Ribeiro Cardoso

Professor do Programa de Mestrado e Doutorado em Direitos Humanos da Universidade Tiradentes

Professor do Programa de Mestrado em Direito da Universidade Federal de Sergipe

Promotor de Justiça do Ministério Público de Sergipe

Sumário

Introdução 1

1. A Liberdade Religiosa e suas Diversas Formas:
Direitos Fundamentais em Conflito Face
Restrições Impostas aos Cultos 15

   1.1 Religião: Conceito, Coexistência e Relação
     com as Normas Jurídicas 16

   1.2 Breve Histórico: Do Secularismo à Laicidade
     à Luz das Constituições Brasileiras 20

   1.3 A Laicidade e seus Contornos 26

   1.4 A Multifacetada Liberdade Religiosa
     e os Direitos Fundamentais 34

   1.5 Do Culto Religioso, Conceito e Restrições Legais 40

2. As Igrejas Neopentecostais: Teologias e Práticas Religiosas 57

   2.1 As Igrejas Neopentecostais: Conceito,
     Origem, Evolução e Práticas Religiosas 59

   2.2 A Igreja Universal do Reino De Deus 76

   2.3 A Teologia da Prosperidade 93

   2.4 A Teologia do Domínio 101

   2.5 Uma Nova "Guerra Santa" no Brasil 107

3. A Atividade Política das Igrejas Neopentecostais:
Tensão Liberdade Religiosa x Normalidade e
Legitimidade dos Pleitos Eleitorais, Abuso
do Poder Religioso e Possíveis Soluções...................................... 117

    3.1 A Conquista do Poder Político, as Características do
        Voto Evangélico e a Atuação Parlamentar Evangélica... 119

    3.2 Os Riscos de a Imunidade Tributária
        Desigualar as Disputas Eleitorais 137

    3.3 O Abuso do Poder Religioso como Ameaça
        à Normalidade e Legitimidade das Eleições 144

    3.4 A Solução Norte-americana e a
        Desincompatibilização como Alternativas 165

    3.5 Da Necessidade de se Suprir a Lacuna Legislativa 169

Considerações Finais 185

Referências 201

Introdução

O desafio inaugural desta obra foi a escolha de seus objetos de estudo – religião e política – os quais, malgrado presentes desde os primórdios da humanidade, passam ao largo da fossilização, sendo sempre atuais, renovando-se constantemente. Prova inconteste do quanto afirmado foi a empolgação que contagiou a todos que nela se envolveram. Chamava a atenção como escolarizados e leigos sempre tinham algo a dizer, exemplos a citar, confirmando o adágio popular que prescreve que, quando o assunto envolve política, religião ou futebol, ninguém fica imune a dar seus palpites.

O famoso versículo bíblico, multicitado popularmente: "Dai a César o que é de César, e a Deus o que é de Deus", avistável em três dos quatro evangelhos da Bíblia (Mateus 22:21; Marcos 12:17 e Lucas 20:25), sintetiza o problema abordado ao longo de seus três capítulos, qual seja, o abuso do poder religioso na atuação política das igrejas neopentecostais no Brasil.

É pouco provável que o crescimento das igrejas neopentecostais ocorrido neste país, desde a segunda metade do último século, tenha passado despercebido da imensa maioria da população, assim como parece pouco crível que a presença evangélica no meio político não tenha sido detectada por seus radares.

A partir de tal fenômeno sociológico, surgiram as reflexões que conduziram à linha de pesquisa "Direitos Humanos na Sociedade" do Programa de Pós Graduação em Direito – Mestrado em Direitos Humanos – da Universidade Tiradentes, contando com a valorosa participação de professores e mestrandos integrantes daquele grupo de estudos, possuindo aderência com a atuação profissional deste autor.

Integrante do Ministério Público do estado de Sergipe, com atuação na Promotoria Eleitoral de diversas Zonas Eleitorais deste estado, desde o ano de 1997, constatou a disposição da Justiça Eleitoral brasileira em tipificar a figura do "abuso do poder religioso", através de decisões isoladas de Juízes Eleitorais, dos Tribunais Regionais Eleitorais, assim como do próprio Tribunal Superior Eleitoral, amparadas nas primeiras posições doutrinárias lançadas sobre a novel figura, ainda não legislada, identificada essa lacuna legislativa.

O resultado apresentado é, portanto, fruto da junção da sempre presente curiosidade profissional acerca do ramo do Direito Eleitoral, com o interesse acadêmico pulsante, os quais, juntos, se lançaram a navegar por mares pouco explorados, ainda valendo da metáfora tomada de empréstimo para demonstrar as dificuldades encontradas, inclusive no atinente às escassas fontes de pesquisa.

Entretanto, tão difícil quanto sedutora foi a sua construção. A dicotomia entre dois princípios constitucionais de primeira grandeza (liberdade religiosa x legitimidade e normalidade das eleições) foi desafiadora, e, a todo instante, o equilíbrio suscitava impasses. Tocar em pontos controversos e sensíveis como os limites a cultos religiosos e a manipulação da vulnerabilidade intelectual e econômica de grande parte da população, mormente quando exercendo uma das facetas de sua cidadania que é o voto, mostrou-se desafiador, e, por que não dizer, arriscado, sob a perspectiva de preservação do texto constitucional, tanto mais ileso quanto necessário.

Por isto foi que, de saída, no primeiro capítulo, mostrou-se imprescindível mergulhar no citado direito humano à liberdade religiosa, previsto no art. 5º, VI da CF. A viagem histórica, do secularismo à laicidade, passou pelo sincretismo que marcou a formação religiosa do Brasil, com suas três matrizes: a dos indígenas, e suas adorações aos deuses da Natureza; a do catolicismo dominante trazido pelo colonizador português; e a africana, vinda com os negros trazidos daquele continente para serem escravizados. Convívio que nem sempre foi pacífico, inicialmente combatido pela Igreja Católica (frise-se, o Brasil foi descoberto quando estavam instalados os Tribunais da Santa Inquisição em solo europeu), que logo se impôs como a religião oficial, para depois ser tolerado e, somente recentemente, após a Carta Magna de 1891, ser aceito sob as penas da lei. Recentemente, posto que 129 anos são um quase nada em termos históricos.

Dessa forma, expõe esse capítulo as peculiaridades da laicidade brasileira, as muitas faces de como a liberdade religiosa se apresenta e como os cultos sofrem restrições, inclusive legais, podendo até serem criminalizados; bem como que a outrora religião oficial deixou resquícios ("direitos humanos em estado de justificação teórica") aceitos, mas não sem contestações.

Facilmente são encontradas, até hoje, reminiscências daquela época colonial/imperial em que o cristianismo era a religião oficial e com maior número de seguidores, realidade que vem sendo modificada, dado o crescimento dos evangélicos, com sua recente e forte incursão no cenário político brasileiro. Por evangélicas, denominam-se as religiões que por aqui aportaram após a Reforma Protestante.

Na tentativa de conceituá-las, entender sua origem, evolução, práticas religiosas e teologias que as embasam, debruçou-se o segundo capítulo desta obra. Seriam as teologias da prosperidade e do domínio que explicariam o projeto de poder religioso, empresarial, midiático e político daquelas confissões; inclusive a tríade "cura, exorcismo e prosperidade"? Explicariam o porquê da incursão de pastores na política partidária e a razão pela qual, no Brasil, Igreja e partido político se tornaram quase que sinônimos, ou matriz e filial, quando menos? Com base em quais justificativas apenas pastores figuram nos polos passivos das ações judiciais que contestam os abusos que supostamente praticam em suas pregações? Foram estas algumas das perguntas lançadas, desvendadas com certa dose de protagonismo.

O avanço destas igrejas no Brasil é, de fato, vertiginoso, e nunca antes visto, inclusive em nível mundial, com ênfase àquela que mais cresceu, a Igreja Universal do Reino de Deus – IURD; atualmente, mais que uma igreja, uma *holding* empresarial comandada à mão de ferro por seu líder supremo, o bispo Edir Macedo, muitas vezes apontado como verdadeiro empresário da fé. O foco nessa confissão religiosa deve-se, única e exclusivamente, ao fato de ser a mais representativa quanto ao número de seguidores, bem como quanto à sua estrutura.

Em pouco mais de cem anos, e com especial aceleração a partir do último decênio do século XX, os evangélicos se tornaram a segunda confissão mais professada neste país[1], com fortes perspectivas de, dentro em muito breve, alcançarem o topo, superando os católicos, ainda maioria, e isto tudo ocorrendo a olhos vistos, eis que praticamente não há localidade onde não tenham penetrado, seja com seus "templos de garagem", seja com as vistosas catedrais encontráveis nas cidades de médio e grande porte. Não bastasse, numa passagem rápida pelo sintonizador de televisões e rádios, de logo se depara com emissoras religiosas, à proporção de uma entre quatro selecionadas dentre as emissoras de rádio difusão.

Quando o poder sistêmico das religiões, presente desde a criação do mundo, se aliou ao poder econômico que aquelas

---

1 Os grandes responsáveis por este sucesso proselitista foram os pentecostais, que crescem à razão de 8,9% anualmente, enquanto os protestantes históricos alcançam a cifra de 5,2%, perfazendo os pentecostais 2/3 dos evangélicos, segundo o censo 2010 do Instituto Brasileiro de Geografia e Estatística (IBGE, 2012, *on-line*).

dispunham, tendo como fontes os dízimos e as ofertas dos fiéis literalmente somadas ao privilégio da imunidade tributária de que desfrutam, conforme estabelecido no art. 150, VI da CF; ombreando-se a isto o desapego ao asceticismo e ao sectarismo dos protestantes históricos, o caminho rumo ao poder político já era sem volta, pavimentado pelo poder midiático.

Dentre os evangélicos, os neopentecostais (terceira onda do evangelicalismo)[2] têm se destacado, crescendo vertiginosamente em termos de membresia, bem como no atinente aos poderios financeiro, empresarial, midiático e político, encontrando-se aí a raiz do problema e a problemática desta obra.

Para ascender ao poder político, pastores vêm sendo acusados em Cortes eleitorais de abusarem da fé de seus seguidores – fiéis eleitores – adotando prática que, à inexistência de nomenclatura legal, vem se cognominando de "abuso do poder religioso", tema do terceiro e último capítulo.

Seria mesmo necessário tipificar tal conduta, agregando-a ao tripé legal já existente (abusos do poder político, econômico e midiático), considerando que a legislação eleitoral já dispõe de anteparos que visam coibir a suposta prática abusiva, a exemplo da proibição de propaganda política em bens de uso comum (art. 37, *caput* e § 4º da Lei n.º 9.504/97), bem como da proibição de doação por pessoas jurídicas (ADI 4.560)? Seriam suficientes? Não mereceria a religião um tratamento distinto pelas razões expostas?

Ainda, foi feita uma análise do instituto da imunidade tributária (art. 150, VI da CF), buscando-se compreender as razões históricas de sua criação, as justificativas para a sua manutenção, ponderando-se acerca dos riscos de sua desvirtuação, máxime

---

2   Acerca do tema, conferir a obra "Breve história do pentecostalismo brasileiro", do autor Paul Freston (1994b).

na tentadora e pouco fiscalizada drenagem informal que pode ocorrer das abastadas confissões religiosas, eis que abastecidas pela reportada imunidade e pelos dízimos e ofertas, para os partidos políticos a elas pertencentes ou eleitoralmente coligados.

Mesmo que, pelas razões mais diversas, não chegue a ser suprida em nenhuma dimensão a lacuna legislativa; o que pode ser visto como um grave equívoco, posto deixar a normalidade e a legitimidade que devem reger os pleitos no estado de perigo em que se encontram; o direito comparado fornece soluções alternativas que não devem ser desprezadas.

Em reação a tais tentativas de impor-lhes limites, as igrejas neopentecostais sustentam que o direito à liberdade religiosa[3], de matriz constitucional, vige absoluto, e julgam-se perseguidos por qualquer tentativa de sopesá-lo ante outros princípios de igual calibre. Não admitem que sejam impostas "amarras" a seus cultos, cunhando o termo "cristofobia", olvidando-se que as normas legais, assim como a moral e os bons costumes, sobrepõem-se àqueles, sejam de que matriz religiosa forem.

As Constituições brasileiras, que foram do secularismo à laicidade, ao tratarem dos cultos, sem inovações lhes impuseram restrições, e até mesmo criminalizações, ainda que num país com ampla liberdade religiosa, o que vem a comprovar que seu exercício nem sempre ocorra plena e irrestritamente, mesmo porque o ordenamento jurídico deve ser sempre interpretado de forma sistemática.

É justamente o *modus* do qual se valem estas confissões em seu ativismo político evangélico que se tornou objeto de contestações junto à Justiça Eleitoral, não sendo outro o objeto desta pes-

---

3   É oportuno salientar que o direito à liberdade religiosa é dos praticantes das religiões, não das confissões religiosas, como equivocadamente alguns acreditam.

Abuso do Poder Religioso nas Eleições

quisa senão o aparente conflito e tensão entre os multicitados princípios da liberdade religiosa e o da normalidade e legitimidade dos pleitos, expresso através do voto livre e consciente dos eleitores.

O projeto expansionista de poder das igrejas neopentecostais em muitas das vezes trespassa o modelo religioso para adentrar noutros poderes sistêmicos, mormente o político, com suas condenáveis práticas clientelistas de "coronelismo religioso", com forte proselitismo, levado a cabo por leigos, especialmente mulheres, em sua maioria carentes, valendo-se ainda da confissão de um fisiologismo explícito para conquistar seu eleitorado.

Na América Latina, a maioria da população declara-se religiosa, gozando, aqueles que não se declaram, da mesma proteção, no caso, de não ter religião alguma, sendo a religião católica ainda a dominante, porém, ao que parece, por muito pouco tempo, dada sua fragilidade institucional retratada no baixo número de praticantes e no reduzido número de sacerdotes[4].

Enquanto isto, os evangélicos representam hoje, no Brasil, aproximadamente 1/3 da população, com forte tendência a serem, dentro de duas décadas, maioria, sendo nosso país aquele no qual são apontadas as maiores taxas de crescimento dentre os países daquele continente[5]. Explorando os anseios das massas excluídas, adaptam a mensagem religiosa à sua vida material para provê-la de sentido, ofertando a seus seguidores apoio emocional e terapêutico. Com fortíssima penetração em todos os meios de

---

4 Números do Instituto de Pesquisas Data Folha apontam que 44% dos evangélicos saíram do catolicismo, enquanto que 48% não tiveram outra religião. Ao contrário, 90% dos católicos nasceram dentro daquela Igreja, o que demonstra o dinamismo evangélico (OPINIÃO PÚBLICA, 2016, *on-line*).

5 O engajamento evangélico ultrapassava os muros dos templos, existindo hoje no Brasil a Associação de Homens de Negócios do Evangelho Pleno – ADHONEP, o Comitê Cristão de Homens de Negócios – CCHN, além da Associação Nacional de Magistrados Evangélicos – ANAMEL.

comunicação de massa, inclusive redes sociais, vão formando, paulatina e vigorosamente, redes comunitárias de sociabilidade e fronteiras identitárias.

Em seus cultos, bênçãos materiais e soluções divinas de libertação do sofrimento são ofertadas para os males afetivos, psíquicos e financeiros, cuja maior propaganda são as chamadas "confissões de fé". Seguindo o exemplo de sucesso das igrejas neopentecostais, o que hoje se constata é uma verdadeira "pentecostalização" do protestantismo e, também, do catolicismo, sendo provas disto os carismatismos protestante e católico.

Descolando-se e destoando-se de sua origem protestante, que tem níveis de renda e escolaridade superior à média nacional, os neopentecostais crescem na base da pirâmide social, composta dos extratos mais pobres da população, sendo a maioria de seus praticantes pardos, negros e mulheres, com baixos índices de escolaridade. Seu maior avanço ocorre nas periferias urbanas e nas fronteiras agrícolas do norte e centro oeste do Brasil[6], locais onde o poder público (e a Igreja Católica) é ausente, e onde se proliferam congregações e templos mais das vezes em reduzidos espaços públicos de ocupação, ao contrário do que ocorre nas capitais, nas quais suntuosas catedrais são erguidas; seria então a pobreza a favorecer a dependência do laço religioso.

Pesquisa sobre religião na América Latina realizada pelo *Pew Research Center*, em 18 países daquele continente, constatou que 36% dos evangélicos e 13% dos católicos são membros de conselhos, ministérios e/ou ensinam na escola dominical. Noutro dado pesquisado, a participação e subsequente sociabilização dos neopentecostais é significativamente maior quando comparada com outras confissões, naquelas se constatou que

---

6   Há relatos que a única forma de afastamento sem punição tolerada pelo narcotráfico é o fervoroso engajamento às igrejas.

Abuso do Poder Religioso nas Eleições

60% dos evangélicos contra 23% dos católicos afirmaram orar diariamente, frequentar os cultos uma vez por semana, e considerar a religião muito importante em suas vidas, numa prova que a condição de minoritária facilita o controle e o engajamento comunitário. Noutro dado, 43% dos evangélicos contra 14% dos católicos verberaram compartilhar sua fé com pessoas fora de sua igreja pelo menos uma vez por semana, o que se permite concluir que os evangélicos evangelizam muito mais. Na mesma pesquisa, constatou-se que 70% dos evangélicos e 39% dos católicos afirmaram doar dinheiro às suas confissões, o fazendo os primeiros de forma sistemática (MARIANO, 2014, p. 76).

Toda esta observância e compromissos religiosos levam à conclusão de que os evangélicos estão muito mais sujeitos aos mandamentos de seus líderes, sendo mais expostos às autoridades pastorais, as quais dispõem, por decorrência, de mais oportunidades de influenciá-los nos plano moral, religioso e, mormente, político.

Em seu dia a dia, os evangélicos tendem ao sectarismo, com fortes discordâncias no atinente ao individualismo, ao hedonismo e à autonomia da sexualidade vigorantes na atual sociedade. Este elevado conservadorismo moral incide diretamente sobre a atuação de seus parlamentares, que procuram demonstrar, em suas atividades, compromisso com seus interesses e causas morais, não dispondo de margem para hesitar, sob pena de perderem seu apoio eleitoral. Os pastores políticos, dado seu corporativismo evangélico político, tem como compromisso primeiro aquele firmado com seus líderes religiosos, ficando os líderes políticos em segundo plano.

Nos Parlamentos, seu *locus* de atuação por excelência, não formam um bloco coeso, as igrejas, com fortes divergências internas no campo teológico, findam por concorrer entre si tendo distintas estratégias de visibilização[7]. O fato é que hoje, no Brasil, os pastores políticos não mais podem ser chamados de *outsiders*, não mais cabendo se falar em democracia sem se considerar o ativismo político evangélico.

Estas igrejas e seus símbolos religiosos são cortejados por partidos e governos, sabedores do poder midiático que dispõem, os quais as instrumentalizam política e eleitoralmente, sendo recíproca tal instrumentalização, a qual, no entanto, é, a todo instante, tentada a fazer-se o menos evidente possível, permitindo que a negativa de seus membros seja crível, em que pese a publicização feita pela mídia, sendo sabido que a cisão entre a ação política e a ação religiosa é, histórica e logicamente, de difícil acepção.

Vige o sistema de ganhos mútuos, ou seja, os partidos podem contar com a estrutura oferecida pelas igrejas, o que inclui representações em todos os rincões, acesso a uma base de fiéis adeptos, poder midiático etc.; enquanto que, para as igrejas, é interessante filiar seus candidatos em um só partido com forte representação nacional, reduzindo, assim, drasticamente, seus esforços de coordenação.

Além disto, concentrando geograficamente as lideranças, mantém o controle de sua máquina, evitando a divisão com caciques locais. Percebendo isto, paulatinamente as igrejas estão funcionando como partidos políticos durante os processos eleitorais, na melhor acepção de corpos intermediários interpostos entre o eleitor e seus representantes eleitos.

Prova disto é que algumas até dispõem de partidos próprios, casos do Partido Republicano Brasileiro e do Partido Social Cristão, que reproduzem as estruturas das igrejas no atinente

---

7   É oportuno deixar claro que não são todas as igrejas que se envolvem com o ativismo político partidário eleitoral, sendo, por exemplo, a "Congregação Cristã" e a "Deus é Amor" exceções.

à organização em comissões provisórias e à composição de suas lideranças, sempre garantindo a centralidade da instituição e o poder concentrado. Olvidam que política e religião são impermeáveis, já que dimensões distintas da vida social, com finalidades e especializações históricas que merecem uma blindagem ou, no mínimo, uma calibragem, sendo o grande desafio da atualidade justamente reconhecê-las[8].

Este interesse dos partidos políticos pelo eleitor evangélico parte da constatação do desinteresse do brasileiro médio em participar dos próprios partidos, de sindicatos, associações civis etc. Em contraponto, as igrejas evangélicas têm alto índice de frequência, são verdadeiros celeiros de eleitores congregados que fazem diferença no jogo eleitoral na medida em que, dentre outras características, reúnem regularmente um considerável número de pessoas. Até este ponto poderia ser considerado normal, já que o candidato naturalmente busca acompanhar a mudança social no pertinente aos credos professados, entretanto há o ativismo político partidário evangélico que não pode ser desconsiderado, representado nas tentativas de impor não apenas seus ungidos, senão também suas crenças nas políticas públicas, na normatividade jurídica, no ensino etc.

Aquilo que se pode chamar do núcleo duro do conservadorismo evangélico é francamente favorável ao tradicionalismo moral e familiar, com forte apelo emocional pró-vida (antiaborto), pró-família tradicional (anti-LGBT e antifeminista), defendendo ainda o ensino religioso inclusive com a inclusão do criacionismo na grade curricular das escolas públicas.

---

8 Paul Freston (2006, p. 34) sintetiza que não deve ser a política um meio de fortalecer uma religião em detrimento de outras, mas dizer que religião não tem nada a ver com a política é histórica e logicamente falso.

Na política externa brasileira, inclinam-se pelo sionismo. No campo penal, tem fortes posições de direita, favoráveis à redução da maioridade penal, sendo liberais na economia, contra a extensão das estatais, pelo rigoroso controle dos gastos públicos sendo ainda favoráveis à reforma trabalhista.

Ocorre que tudo isto vai de encontro à ideia de que a religião deve ser afastada das políticas e proposições públicas, ainda que seja inegável que os comportamentos estatais sofrem da influência das confissões religiosas, e jamais pode ser desconsiderado que as convicções e os pensamentos de ocupantes de cargos eletivos, gestores e mesmo magistrados são permeados pelas ideias da religião que professam, muitas vezes em detrimento das demais existentes na sociedade.

O Brasil atual vive um cenário de uma direita cristã dominante, conservadora, antiesquerdista e em apoio ao atual Presidente da República, o qual obteve 11,6 milhões de votos a mais que o segundo colocado extraídos dentre os evangélicos[9], inclusive estampando o nome de Deus em seu slogan de campanha.

Neste ambiente, a importância da Academia é ressaltada, dada a análise que faz do fenômeno sociológico à luz dos rigores da pesquisa científica, não sendo outro o objeto desta obra. Aliás, cabe o registro do crescimento do interesse do meio acadêmico acerca do tema, eis que, enquanto nas décadas de 50 a 90, apenas 05 trabalhos sobre evangélicos foram encontrados disponibilizados para pesquisa, dos anos 90 para cá nada menos que 96 estão passíveis de consulta.

A partir do método indutivo, ou seja, identificando-se as partes de um fenômeno e após colacionando-as até obter uma con-

---

9 Os dados foram extraídos de pesquisa realizada pelo Datafolha, divulgada em 25/10/18. Conforme José Eustáquio Diniz Alves (2018, *on-line*), "os evangélicos se transformaram em uma força política decisiva".

clusão seguida de proposições (método propositivo), foi feita uma análise do direito fundamental de liberdade religiosa, de matriz constitucional, seu histórico, seus conflitos com outros direitos de igual calibre como a vida, a dignidade humana e mais recentemente com o voto livre e consciente, com enfoque à novel e perturbadora figura jurídica do "abuso do poder religioso", que desponta no cenário da Justiça Eleitoral Brasileira, renovando aqueles conflitos, cujas soluções se buscará apresentar na conclusão.

1. A Liberdade Religiosa e suas Diversas Formas: Direitos Fundamentais em Conflito Face Restrições Impostas aos Cultos

As normas jurídicas, sua *mens*, as razões que as levam a sancionar mais ou menos gravemente, guardam intrínseca relação com a religião mais amplamente seguida por um povo, no momento de suas edições. Nesse contexto, para que se atingisse a liberdade de crença ora vivida, um longo caminho precisou ser percorrido. Estado e confissões, separados na teoria, nunca se apartaram completamente, havendo, até hoje, inequívocos resquícios daquele tempo de secularismo, do qual algumas novéis religiões, que se pretendem dominantes, não parecem querer se desgarrar.

O conceito de liberdade religiosa é de amplo espectro, multifacetado, sendo equivocado entendê-lo como amplo e irrestrito, o sendo apenas até o momento em que não entra em rota de colisão com outros direitos fundamentais, mormente na abordagem proposta nesta obra, com o direito assegurado a todo eleitor a, durante os pleitos, votar de maneira livre e consciente, garantindo-se, assim, a normalidade e a legitimidade do processo eleitoral. Portanto, a crença é livre, mas o culto pode e deve sofrer algumas restrições.

Urge, dessa forma, que se tornem claros os limites a serem impostos à liberdade religiosa, sem tolhê-la, eis que o Estado laico, a duras penas conquistado, é o único que se coaduna no Estado Democrático de Direito em que se vive. Com a proliferação e o rápido crescimento de tantas confissões religiosas no Brasil, especialmente as evangélicas, a aludida necessidade de controle se torna cada vez mais premente.

A questão conturbada reside no fato de que nem a Constituição Federal nem a legislação ordinária trazem em seu bojo a resposta clara, a solução evidente; não dotando, por conseguinte, o Poder Judiciário da fundamentação necessária para impor os mencionados freios, limites e contrapesos.

O panorama, portanto, é o de um problema em aberto. Por um lado, o fenômeno sociológico ocorrendo a olhos vistos, com religiões recém-criadas crescendo vertiginosamente, em número de membros e em quantidade de templos, transformando-se, abruptamente, em *holdings* empresariais e, por decorrência, conquistando o poder político, empurrando as religiões tradicionais para baixo, num movimento pendular. Por outro lado, avançando num terreno livre de amarras, ou não sendo as disponíveis suficientemente fortes para inquestionavelmente fornecer as soluções adequadas.

1.1 Religião: Conceito, Coexistência e Relação com as Normas Jurídicas

Conceituar religião não é tarefa das mais fáceis. Etimologicamente, a palavra religião advém do latim *relegere*, que seria respeitar. Também derivaria do verbo *religare*, que significa religar. A religião é, portanto, um laço a unir o homem a Deus, como a fonte de sua existência, principalmente levando-se em consideração a tradição cristã[10]. É uma relação que inegavelmente existe entre o homem e o

---

10 Há também o conceito de Bunge, que aduz que religião "é o sistema de crenças não testáveis existentes para uma ou mais deidades, e as práticas que acompanham, principalmente adoração e sacrifício (de si próprio ou de outros). Alguns sistemas influentes de fé, tal como o budismo original, o janainismo, o taoismo e o confucionismo não são propriamente religiões segundo a definição acima, porque não incluem crenças em divindades. Algumas religiões prometem vida após a morte, outras não; e apenas algumas ameaçam com o inferno. Portanto, a crença na vida após a morte e no eterno retorno ou castigo não são características

poder sobre-humano no qual crê e se sente dependente. Tal relação é expressa em emoções como o medo e a confiança, em conceitos como a crença, e em ações como o culto e a ética, na precisa definição de Cornelis Tiele, citado por Stênio Barretto (2016, p. 25).

São vários, portanto, os sentimentos que abrange, dentre os quais se pode destacar: o amor, a bondade, o medo, o respeito, a fé, a crença em um ser superior, soberano, onipresente, onisciente e onipotente, tenha ele a denominação que se queira lhe dar. A religião é, inquestionavelmente, uma tentativa do homem de ligar-se a seres superiores, ou a verdades absolutas, assim como a tentativa do homem de buscar a solução para os problemas que vivencia em seu dia a dia. São várias as suas funções, desde a intelectual, a emocional, a ritual celebrativa, a praxística, a comunitária etc.

A impotência, diante da cônscia finitude, a ignorância, o medo ante a realidade última, bem como a busca pela superação da angústia da morte, foram o fio condutor que levou o homem a acreditar em deuses, tornando-se, assim, religioso, crente no

---

definidoras de religião. As religiões são seriamente estudadas por psicólogos, sociólogos, historiadores e filósofos. A *psicologia* da religião estuda os modos como as ideias religiosas são adquiridas e a maneira pela qual mudam como resultado da experiência ou da doença mental. Ela aborda também os papéis da crença religiosa, isto é, lutando com sentimentos de desamparo, imprevisibilidade, medo da morte e culpa. A *sociologia* da religião estuda as funções e disfunções sociais das crenças religiosas e das religiões comunitárias, bem como suas contribuições à coesão e divisão sociais, e seu uso como instrumento de controle social. A *história* das religiões estuda sua emergência e transformações em relação com outros aspectos da vida social, como os econômicos e os políticos. A *filosofia* da religião pode ser um adjunto da teologia ou ser independente dela. No primeiro caso falta-lhe a liberdade intelectual inerente à pesquisa filosófica. Em particular, ela não pode se permitir questionar a existência de Deus (es) ou quaisquer outros dogmas essenciais da religião em estudo. Portanto, ela não é filosoficamente autêntica. Uma genuína filosofia da religião há de examinar problemas lógicos, semânticos, epistemológicos, ontológicos e éticos levantados pela hipótese da existência de divindades. Em especial, há de examinar (a) a questão se a religião é compatível com a racionalidade em qualquer sentido do termo; (b) as áreas de pesquisa científica que podem ser afetadas pela religião; e (c) as coerções que a crença religiosa exerce sobre a ética" (DUROZOI; ROUSSEL, 1993, p. 105).

transcendentismo. Cria, então, o homem um mundo simbólico, tendo a salvação como sua esperança. Segundo Anselmo Borges (2009, p. 11), se é a interfecundidade que une a humanidade do ponto de vista biológico, do ponto de vista espiritual, o que a une é a pergunta radical pela totalidade e o seu sentido: "o homem é o animal que pergunta pelo seu ser e pelo ser".

Por conseguinte, a existência de várias confissões se deve ao fato de existirem diferentes formas de entender e interpretar essa dimensão em seu sentido antropológico[11], sabido que as religiões são essencialmente uma questão coletiva. É preciso ter em mente que, a religião, para ser reconhecida como valor individual e fato social importante à vida humana, possui dois polos: um objetivo, formado pela presença de uma realidade superior; e outro subjetivo, consistente no reconhecimento por parte do homem daquela realidade.

Há, entretanto, um elemento comum que as caracteriza, que é o fato de todas apontarem para uma entidade meta empírica determinante da atitude humana como base. Consoante Anselmo Borges (2009, p. 20), aquele seria o último necessário, que adota formas e nomes distintos: "o santo, o mistério, o divino, o sobrenatural, algo que não é inteiramente conceituado com os termos que designam as coisas que o homem tem à mão".

Ainda é de fácil constatação que entre as religiões há certa disputa para saber-se qual delas tem o Deus mais poderoso, e é daí que se originam as guerras religiosas, as quais, em muitas das vezes, se utilizaram da religião para outros fins, como interesses econômicos,

---

11 Ainda para Anselmo Borges (2009, p. 16), "é necessário reconhecer, nas diferentes religiões, pelo menos quatro dimensões essenciais: uma dimensão intelectual emocional, onde se incluem crenças, doutrinas e reflexão; uma dimensão ritual celebrativa; uma dimensão praxista, com os aspectos morais, caritativos, de combate pela justiça; uma dimensão comunitária, já que as outras dimensões são vividas comunitariamente e estabelecem laços de comunidade. Em síntese: uma dimensão intelectual, uma dimensão ritual, uma dimensão ético-moral".

Abuso do Poder Religioso nas Eleições

políticos, culturais, enfim, para impor o domínio, havendo, destarte, um vínculo inquebrantável entre religião e poder político.

A violência torna-se, desta forma, inevitável, sendo o poder religioso, conforme Anselmo Borges (2009, p. 29), uma espécie de "bênção da imortalidade: na embriaguez do poder aninha-se a morte". O homem, cioso de sua finitude, julgando apoderar-se do Deus infinito, encontra Nele a segurança que o torna feliz; porém, depois, ao encontrar-se com outras crenças, viria a decepção na medida em que não compreende como Deus pode apresentar-se a outros de modo diverso, passando, destarte, a enxergar noutras religiões radicais ameaças, sentindo-se "roído pela dúvida na relação com o infinito, vendo-se outra vez mortal, inseguro e infeliz" (BORGES, 2009, p. 29).

Seguindo em sua construção filosófica, o autor destaca que a guerra religiosa teria ai a base para aqueles que entendem como intolerável que Deus se revele de outros modos, posto que O consideram sua propriedade exclusiva: "neste domínio, a dúvida é devoradora: o confronto com a alteridade religiosa repõe o medo e a desorientação" (BORGES, 2009, p. 29). Justificada estaria a guerra em nome da verdade, embaralhada com outros interesses como "a segurança individual e coletiva, a legitimação social, a conquista de territórios e mercados, histórias de ajustes de contas, numa palavra, o poder" (BORGES, 2009, p. 29–30).

Por outro lado, a religião, é oportuno que não se olvide, também já se prestou para justificar a superioridade de uma raça (nazismo), sendo que foram tais preocupações que levaram o homem a eleger a liberdade religiosa como um direito humano.

Parece ser de clareza solar a conclusão alcançada por Hans Küng, autor principal da Declaração de uma Ética Mundial, aprovada pelo Parlamento Mundial das Religiões em Chicago (1993), de que a única forma das guerras serem evitadas é o diálogo inter-religioso. Segundo Küng (1999, p. 306), "não haverá paz entre as nações sem paz entre as religiões. Não haverá paz entre as religiões sem diálogo entre as religiões. Não haverá diálogo entre as religiões sem critérios éticos globais, não haverá sobrevivência do nosso globo sem um *ethos* global, um *ethos* mundial".

Sobre a relação da religião com as normas jurídicas, é verdade insofismável que aquela é antecedente a estas, prova disto é que o temor reverencial, como hoje se conhece, sempre existiu, estando voltado a um ser maior, com poderes tanto para castigar como para salvar as pessoas. Desse modo, sua finalidade social é a salvação individual dos homens, ante sua milenar crença na sobrevivência do espírito humano.

As normas jurídicas, no entanto, não deixam de resguardar inspiração religiosa, além de forte carga valorativa e moral (religiosa), para tanto bastando que sejam observados alguns dos 10 Mandamentos, o chamado Decálogo, como o "Não Matarás", o "Não Furtarás", o "Não Darás Falso Testemunho Contra o Teu Próximo", mais tarde reproduzidos, desde o primeiro Código Penal Brasileiro, respectivamente, nos tipos penais dispostos nos arts. 121, 155 e 299 daquele compêndio.

1.2 Breve Histórico: Do Secularismo à Laicidade à Luz das Constituições Brasileiras

Em sua origem, a religião cristã pressupunha a separação entre Deus e o mundo; seu livro sagrado – a Bíblia – delimitou os campos de poder – "Dai a César o que é de César, e a Deus o que é de Deus (BÍBLIA, Mateus 22:21) – , no entanto, a Igreja Católica, no Brasil, somente após quase quatro séculos de cristandade, foi capaz de aceitar a separação em relação ao Estado, cedendo a pressões sociais externas. Logo, a relação umbilical Estado/religião encontra-se no nascedouro deste país.

Com o avanço do protestantismo na Europa, que, à época, em sua quase totalidade, vivia sob um regime de monarquias pontifícias, a Igreja Católica começa a perder fiéis, necessitando, assim, mais do que nunca, unir-se ao Estado para catequizar o Novo Mundo, que fora contemporaneamente descoberto. Seria esta a razão pela qual, desde as primeiras expedições portuguesas – e também espanholas – que se lançavam no "além-mar", padres compunham as naus, sendo, a bem da verdade, a Igreja Católica uma espécie de "apoio" do Estado, auxiliando-o a colonizar os povos da época, sobretudo os indígenas, de modo que, oportuno lembrar, mais almas salvas se traduziriam em mais pagadores de impostos. Outrossim, deve-se observar que o Novo Mundo era considerado o inferno, ou o purgatório, na melhor das visões, povoado por animais e demônios, segundo creiam na metrópole, razão pela qual urgia a presença purificadora daquela confissão.

Nesse contexto, seguiram juntos, a religião dando origem ao Estado, e este sendo em parte sustentado por aquela, fundando cidades, às quais batizavam com nomes religiosos; forçando os nativos a abandonarem suas crenças, praticando as mais diversas atrocidades em face daqueles, a exemplo de violência e exploração sexual, e compactuando com aquele cenário de exploração da mão de obra escrava, sob o jugo de castigos corporais e, inclusive, pena de morte aos insurgentes. Como se não bastasse, surrupiavam as riquezas das colônias, as quais utilizavam para embelezar e enriquecer os palácios reais e catedrais europeias, com madeiras nobres, ouro, prata e pedras preciosas, as quais até hoje encantam àqueles que as visitam.

Na fase do período colonial no Brasil, por sua vez, à Igreja Católica era dada a incumbência de catequizar os indígenas que aqui habitavam, prova disto é que, em cada espaço que era descoberto e posteriormente conquistado, erguiam-se, de imediato, uma cruz e uma igreja, como forma de demarcar o território, sendo, em seguida, rezada uma primeira missa. Também não é outra a razão pela qual, nas fazendas coloniais, algumas ainda hoje preservadas, quase sempre há uma capela erguida.

No Brasil Colônia, e também no Império, vigia o regime do padroado, o qual preconizava que a Igreja Católica forneceria para o Estado a receita proveniente dos dízimos, enquanto o Estado, em contrapartida, criaria cargos eclesiais, construiria templos etc. Outra amostra desta relação siamesa era a influência da mencionada confissão nos aspectos religiosos, sociais (ditando o que é certo) e políticos, detendo o papel central do ensino, além da divulgação da cultura. Exemplos disto podem ser encontrados nos casamentos religiosos, no registro civil, nos cemitérios paroquiais, no ensino católico nas escolas públicas, nas subvenções, os quais apenas findaram com a promulgação da Constituição Federal de 1891.

Antes mesmo da Constituição de 1824, outorgada em nome da Santíssima Trindade, nas primeiras eleições do Brasil, datadas de 1821; entre os 72, então eleitos, havia vários membros do clero, os quais foram a Lisboa representar o país na Corte, com destaque para o Padre Feijó (PINSKEY; BASSANEZI, 2013, p. 84). Antes daquela Carta, vieram as Ordenações Manoelinas, Filipinas e Afonsinas, as quais garantiam à Igreja Católica importantes nacos do Estado. O então imperador, e presumível herdeiro, aos 14 anos de idade, jurou respeito ao catolicismo, assim como o faziam os bacharéis em Direito, Medicina e Engenharia da época. Também neste tempo, somente católicos poderiam ser Deputados ou Conselheiros, de forma que muitos bispos, arcebispos e monsenhores ocuparam cadeiras no Legislativo, chegando mesmo a presidir o Congresso Nacional; enquanto às outras religi-

Abuso do Poder Religioso nas Eleições

ões, especialmente as de matriz africana e ameríndia, era apenas tolerado o exercício do culto.

Com a proclamação da República, editou-se o Decreto 119–A de 1890, redigido por Ruy Barbosa, com inspiração na Constituição norte americana da época, até hoje vigente, por intermédio do qual restou determinada a separação definitiva entre Igreja e Estado, passando o Brasil a ser um Estado laico[12]. No ano seguinte, através da Constituição Federal de 1891, a laicidade atinge o *status* de princípio constitucional, previsto no art. 11, § 2o[13]. Nesta Carta Política foram previstas, inclusive, sanções para religiosos que não acatassem a cisão, proibição não reproduzida por nenhuma outra constituição brasileira.

Por conseguinte, desde então, não há nenhuma religião oficial no Brasil, o que não implica dizer que o Estado não deva prestar proteção e garantia ao livre exercício de todas as religiões, sendo este, fundamentalmente, o conceito atual de Estado laico. Insta salientar que foi no interior desta ordem jurídica, imposta por um Estado comprometido com a laicidade, que outras formas de presença da religião ocorreram, embora a presença do religioso em sociedade esteja constantemente associada a dispositivos estatais.

Dessa forma, a Constituição de 1891 foi a primeira a prever a separação, sob os protestos da Igreja Católica já que foram vetadas as subvenções oficiais àquela confissão, passando, a título de exemplo, os cemitérios a serem laicos e o casamento exclusiva-

---

12   Thomas Jefferson cunhou o termo *wall of separation*. Para ele, a separação era uma forma de proteger o Estado da Igreja (embora a maioria pense o contrário), como forma de garantir-se uma escolha política livre de influências religiosas, inclusive banindo de cargos públicos membros de igrejas. Tal expressão sugere, todavia, verdadeira hostilidade religiosa.

13   Na Constituição Federal de 1891, é enfrentada, pela vez primeira, a questão católica na relação com o Estado, passando aquela a deixar de ser a oficial, sem que nenhuma outra a substituísse e, mais que isto, as demais passam a ser permitidas, elastecendo o conceito de liberdade religiosa.

mente civil. É de se observar, por outro lado, que, sem o jugo do Estado, os líderes religiosos ganharam mais autonomia.

Já a Constituição de 1934, trouxe expressa menção a Deus em seu preâmbulo, existindo a liberdade de culto, desde que não contrariasse a ordem pública e os bons costumes. A assistência religiosa em expedições militares era prevista, bem como a educação religiosa facultativa a ser ministrada nas escolas. Além disso, foram dados efeitos civis ao casamento religioso. Datam desta mesma época a inauguração do Cristo Redentor (1931) e a formação da LEC – Liga Eleitoral Católica, tendo como objetivo apoiar candidatos favoráveis às reivindicações católicas. Naquela Carta, houve uma separação, porém com cooperação, na medida em que foram "relativizados" os efeitos da secularização[14].

A Carta de 1937, por seu turno, não fez menção a Deus em seu preâmbulo, como a que a antecedeu. Não havia previsão de escusa de consciência, o que implicava dizer que os direitos políticos eram perdidos em caso de recusa a se obedecer à imposição legal em virtude de convicção religiosa e o operário tinha direito ao descanso em feriados religiosos.

A Constituição seguinte, qual seja a de 1946, faz novamente menção à proteção de Deus no preâmbulo. A imunidade tributária aos templos de qualquer culto estava prevista, desde que suas rendas fossem aplicadas integralmente no país para os respectivos fins. Naquela Carta, há um consenso de que houve um reencontro com o regime democrático. Outro avanço daquela Constituição foi trazer que a recusa por convicção religiosa no cumprimento de obrigação a todos imposta não implicaria em

---

14 Autores como Giumbelli (2008, p. 82) entendem que "tais empenhos foram em parte recompensas constantes do texto da Constituição de 1934, na qual, por exemplo, o ensino religioso é permitido e o casamento religioso volta a ter validade civil; além disso, o princípio da separação é temperado pela possibilidade de 'colaboração' entre Estado e religiões".

Abuso do Poder Religioso nas Eleições

perda de qualquer direito, com a exceção de o indivíduo se eximir também de satisfazer obrigação alternativa prevista em lei.

Vieram então as Constituições de 1967 e 1969, cujo destaque foi a permanência da imunidade tributária no tocante aos impostos dos templos de qualquer culto. Nesse ponto, é importante que se abra um parêntese para delimitar que, antes da promulgação da Constituição Cidadã de 1988, adveio a Lei do Divórcio, sob forte resistência da Igreja Católica, que pregava o discurso de que "o que Deus uniu, ninguém separa" (BÍBLIA, Mateus 19:6).

A referida legislação somente restou introduzida após selada a promessa de mantença de uma espécie de purgatório, qual seja o interregno de um ano entre a separação e o divórcio, posteriormente revogado. Aliás, a inspiração do Direito de Família brasileiro é o Código Canônico, para tanto bastando que se vislumbre o termo matrimônio (em vez de casamento), a incessante busca pela família biológica (família extensa) nos casos de adoção, mesmo que em detrimento daqueles que verdadeiramente queriam adotar, dentre outras proposições.

Nessa toada libertária, vem a Constituição vigente, promulgada em 1988, a qual também invoca a proteção de Deus em seu preâmbulo[15], diferindo daquelas que a antecederam ao não condicionar o livre exercício religioso à observância da ordem pública e dos bons costumes[16], extensão que alcança os ateus. Há a escusa de consciência (art. 5º, VIII, CF), além do ensino religioso

---

15 Não só no preâmbulo; dispunha o art. 46 do Regimento da Assembleia Nacional Constituinte de 87/88 que: "A Bíblia Sagrada deverá ficar sobre a mesa da Assembleia Nacional Constituinte, à disposição de quem dela quiser fazer uso". Isto é de todo contestável, afinal uma constituinte com pretensões de se pautar pelo respeito aos plurais valores religiosos não deveria declarar a sacralidade do símbolo de uma religião em particular, deixando no ar indagações do tipo: seria para apoio espiritual? Ou fonte de consulta para artigos da novel constituição?

16 "Não condicionar" não pode ser entendido como se a ordem pública e os bons costumes não devessem ser sempre observados.

de matrícula facultativa e do casamento religioso de efeitos civis. Contudo, não há previsão de respeito aos feriados religiosos como direito social do trabalhador.

A Constituição Cidadã ainda contempla a prestação alternativa (art. 5º, VIII), que é a realização de atividades que venham a substituir a obrigação legal imposta a todos de forma igual, dentro da ideia de tratar desigualmente os desiguais como princípio isonômico, tendo o Poder Judiciário já decidido com acerto neste sentido. Contudo, a lacuna legislativa deixada pelo texto constitucional apenas foi suprida pela Lei n.º 8.239/91, que trata do Serviço Militar Obrigatório.

Em vários de seus artigos a liberdade religiosa figura não apenas como direito fundamental; como no art. 5º, VI da CF, que estabelece que "é inviolável a liberdade de consciência e de crença, assegurado o livre exercício de cultos religiosos e garantido, na forma da lei, a proteção aos locais de culto e as suas liturgias" (BRASIL, 1988, *on-line*). Mas figura também por meio de garantias, dentre as quais, além daquela, as constantes do já citado art. 5º, VIII; além dos arts. 19, I; 150, VI, "b"; 210, §1º e 226, §2º. Além destes, a livre divulgação das ideias religiosas tem também relação com outros direitos fundamentais, como a liberdade de expressão (art. 5º, IV e XI, CF) e de informação (art. 5º, XIV, CF).

1.3 A Laicidade e seus Contornos

O princípio da laicidade estatal encontra-se previsto no art. 19, inciso I da CF:

> Art. 19. É vedado à União, aos Estados, ao Distrito Federal e aos Municípios:
>
> I – estabelecer cultos religiosos ou igrejas, subvencioná-los, embaraçar-lhes o funcionamento ou manter com eles

ou seus representantes relações de dependência ou aliança, ressalvada, na forma da lei, a colaboração de interesse público. (BRASIL, 1988, *on-line*)

Destarte, a laicidade está diretamente relacionada a dois direitos fundamentais, de extrema relevância, quais sejam a liberdade de religião e a liberdade de expressão, conforme ensinamento de Charlyane Souza (2016, *on-line*), que aduz que a laicidade é a verdadeira garantia institucional da liberdade religiosa individual, fazendo um paralelo com a igualdade, em que todos são iguais independentemente de sua crença.

A laicidade mantém relação umbilical com a democracia, a qual não pode existir sem a liberdade religiosa, embora o contrário seja possível, na medida em que aquela surge quando o poder político deixa de ser legitimado pelo sagrado, deixando a soberania de residir em uma única pessoa, que seria o monarca. Ademais, importante que se afirme que a laicidade não significa um muro a impedir as relações entre a política e religião (*wall of separation*), mas uma delimitação das fronteiras de um e de outro. Não é a ausência de religião que define laicidade, de forma que, em verdade, esta é a não imposição de uma religião dominante pelo Estado. Isto posto, para que seja legitimada a democracia, são necessários instrumentos contramajoritários, sendo, portanto, imprescindíveis a liberdade e a igualdade. Para Ilzver Matos de Oliveira (2015, p. 171–172):

> Laicidade deve ser entendida de forma inicial como a doutrina ou sistema político marcado pela ausência de uma religião oficial e da sua interferência no estado, na cultura, na educação, entre outros espaços de interação social, bem como pela inexistência de subvenção ou embaraço no funcionamento de templos de qualquer religião. Já liberdade religiosa representada a garantia real de que pessoas e

grupos religiosos possam ter e expressar livremente a sua crença e de que seus espaços de culto e suas liturgias sejam protegidos contra qualquer interferência injusta.

Por laicidade do Estado também se entende a sua neutralidade em termos religiosos, como derivativo da própria liberdade de religião e da necessidade de uma convivência pacífica e igualitária entre todos os credos e também entre os que não professam credo algum[17]. Já laicismo ou secularismo francês é conceito distinto, sendo um princípio político que rejeita a influência da Igreja na esfera pública do Estado, considerando que os assuntos religiosos devem pertencer somente à esfera privada do indivíduo.

Agnosticismo, por seu turno, seria, nas palavras de Alain de Botton (2012, p. 14), quando o homem "para de acreditar que as religiões nos foram transmitidas de cima ou que são completamente idiotas tornando-se mais interessantes", reconhecendo que:

> [...] inventamos as religiões para servirem a duas necessidades principais que continuam a existir até o presente, em que a sociedade secular não conseguir resolver com eficácia: primeira, a necessidade de vivermos harmoniosamente juntos em comunidades, apesar dos nossos impulsos egoístas e violentos profundamente enraizados; e, segunda, a necessidade de lidarmos com os aterradores níveis de dor originados na nossa vulnerabilidade ao fracasso profissional, a relações complicadas, à morte de entes queridos e à nossa decadência e morte.

---

17 Para Borges (2009, p. 31), "se, por um lado, a secularização enquanto separação da(s) Igreja(s) e do Estado constitui um avanço civilizacional fundamental em ordem à não discriminação dos cidadãos e à salvaguarda da paz, por outro, ela não significa indiferença mútua. Pelo contrário, a separação pode e deve conviver de modo saudável com o reconhecimento do papel público das religiões, traduzido em múltiplas formas de colaboração entre as igrejas e o Estado". Seria assim a religião contribuindo com seus recursos simbólicos.

Agnósticos, portanto, acreditam que Deus pode estar morto, porém, considerando serem urgentes as questões que levaram o homem a inventá-lo, são exigidas soluções que se mantenham válidas, mesmo quando "somos incentivados a perceber algumas imprecisões científicas na lenda da multiplicação dos pães e peixes" (BOTTON, 2012, p. 14).

Debruçando-se sobre o tema, no julgamento da ADPF n.º 54, decidiu o Supremo Tribunal Federal, através de voto do ministro Marco Aurélio, acolhido pela unanimidade dos membros, que "o Brasil é um Estado secular tolerante, em razão dos artigos 19, inciso I, e 5º, inciso VI da Constituição da República. O Estado não é religioso, tampouco ateu, ele é simplesmente neutro" (STF, 2012, *on-line*). De fato, em apertada síntese, logrou com acerto o eminente ministro, em comunhão com o pensamento de Luis Eduardo Peccinin (2018, p. 118):

> [...] a tolerância entre as crenças e a proteção aos locais de culto não bastam, laicidade significa que as religiões não devem orientar o tratamento estatal conferido a outros direitos fundamentais [...] como "via de mão dupla", do Estado em relação às confissões e destas em relação àquele, impede, de um lado, a ingerência do poder público nos cultos e fés professados e, de outro, a interferência indevida das doutrinas e instituições religiosas no exercício do poder político e na interpretação do conteúdo e alcance de outros direitos fundamentais.

Diante deste entendimento do que seja laicidade, o que então justificaria a existência, ainda hoje, de resquícios da secularização como a inclusão do nome de Deus no preâmbulo das Constituições Federais, por exemplo[18]? A frase "Deus seja

---

18 Para o ex-ministro Sepúlveda Pertence, no julgamento da ADI n.º 2.076 AC (STF, 2003, *on-line*), "ela é uma afirmação de fato jactanciosa e pretensiosa, talvez – de que a divindade estivesse preocupada com a Constituição do país".

louvado" constante em algumas cédulas? Os crucifixos que se avistam nos Parlamentos, nos Tribunais e nas salas de audiência dos fóruns[19]? Ou os dias especiais, chamados de "religiosos" pela Igreja Católica, serem feriados nacionais, conquanto todas as religiões tenham suas datas especiais nas quais suspendem o cotidiano para orar e realizar seus atos litúrgicos? Trata-se, segundo a doutrina especializada, de direitos humanos em estado de justificação teórica. Não seriam normas jurídicas, entretanto, não se pode deixar de reconhecer, podem violar, quiçá hostilizar, o direito dos ateus. Essa capilaridade do poder religioso aponta para a insofismável dificuldade de traçar-se um perfil de Estado laico em um país com as características históricas do Brasil.

Fato é que, neste Brasil do século XXI, apesar da queda no número de católicos, a sociedade ainda se considera católica, sendo o catolicismo para alguns uma religião "semioficial", de forma que o conceito que se tem de autoridade religiosa está quase sempre restrito ao clero. Nesse contexto, as escolas católicas são as que mais aprofundaram raízes nas áreas mais prestigiadas da sociedade, fora o prestígio desfrutado pelo casamento religioso católico, pelas missas de sétimo dia, pelas bênçãos em inaugurações oficiais etc., em flagrante subalternidade do dominado pelo dominante. Os evangélicos, de igual forma, não são consultados, como o é a Confederação Nacional dos Bispos do Brasil – CNBB, sobre importantes decisões, nem recursos públicos são proporcionalmente divididos para os grupos religiosos. Por sua vez, nas Forças Armadas, há muito poucas capelanias evangélicas, por exemplo.

---

19   A Suprema Corte norte-americana, em 1980, concede o *writ of certiorari* no caso Stone v. Graham ao declarar a inconstitucionalidade de uma lei do Estado de Kentuchy que determinara a exibição permanente, com 16⊠ de largura e 20⊠ de altura, em todas as salas de aula de escolas públicas do seguinte aviso: "A aplicação secular dos Dez Mandamentos é claramente vista em sua adoção como um código fundamental da Civilização Ocidental e do *Common Law* dos Estados Unidos". Um dos principais fundamentos da decisão foi a excessiva imbricação (*entanglement*) entre religião e governo (*SUPREME COURT, on-line*).

Abuso do Poder Religioso nas Eleições

Para as outras religiões que não a católica, o símbolo maior das reminiscências do poder católico no Brasil é o feriado de 12 de outubro, dia de Nossa Senhora Aparecida, padroeira deste país[20]. Enfim, é a insatisfação de uma religião que se aproxima do mesmo número de praticantes (caso das evangélicas) e, por isto, não mais se contenta com a mera liberdade de propagar livremente sua fé, postulando ser tratada com igualdade e não com inferioridade.

Para Paul Freston (1994, p. 64), evangélico declarado e crítico da pré-falada hegemonia católica, o imposto que o crente paga não pode se prestar a financiar a idolatria do catolicismo, nem mesmo a feitiçaria da umbanda. O autor afirma, ainda, que, se cada parlamentar federal recebe, anualmente, no orçamento da União, uma parcela de fabulosos recursos, não seria justo que aqueles não estivessem também ajudando as organizações evangélicas nos setores social e educacional, por exemplo (FRESTON, 1994, p. 64).

Nessa toada, é corriqueiro se constatar, no planejamento da grande maioria das cidades brasileiras, sejam elas capitais, cidades grandes, de médio ou pequeno porte, a existência de uma catedral ou templo católico, nas chamadas "Praças dos 3 Poderes", senão nas próprias praças, em suas cercanias. Mesmo na capital federal (Brasília – DF) assim se constata, ainda que esta tenha sido paradoxalmente projetada por um arquiteto declaradamente ateu, Oscar Niemeyer.

Logo, embora a situação de hoje seja bastante diferente da de outrora, o Estado brasileiro ainda não pode ser considerado completamente laico, cujo sentido real é que a religião do cidadão se restrinja completamente à sua vida privada, não se confundindo os conceitos de religião e igreja. Como outro exemplo, além dos já citados, tem-se a imunidade tributária, ou seja, as so-

---

20   Isto, em que pese a ex-presidente Dilma Rousseff tenha instituído o dia 31 de outubro como o Dia Nacional da Proclamação do Evangelho, através da Lei n.º 13.246/16.

ciedades religiosas não pagam impostos (renda, IPTU, ISS etc.), além de receberem subsídios financeiros para suas instituições de ensino e assistência religiosa, a qual será logo adiante melhor analisada (item 3.4).

Ademais, outros resquícios do secularismo seriam a possibilidade de convênios entre entidades estatais e igrejas (art. 19, I, CF) e o ensino religioso fazer parte do currículo das escolas públicas, as quais flagrante e abertamente privilegiam o cristianismo, discriminando, em muitas das vezes, outras religiões, assim como os não crentes. Inclusive algumas situações absurdas ainda são constatadas, como no fato de professores de ensino religioso serem funcionários públicos e receberem salários, o que se configura num apoio financeiro do Estado a certas religiões.

Sobre ensino religioso, é oportuna, pontual e irônica a ponderação do agnóstico – importante que se frise – Umberto Eco (2009, p. 37), ao lamentar sobre o fato de, nas escolas italianas, Homero, Pitágoras e César serem obrigatórios, ao passo em que Deus é facultativo. Para o autor, no entanto, se o ensino religioso se identificar com o do catecismo católico, no espírito da Constituição italiana, deve ser facultativo. Ele identifica como um malefício intergeracional não existir, nas grades curriculares, um ensino da história das religiões e ironiza: "um jovem termina os seus estudos e sabe quem era Poséidon e Vulcano, mas tem ideias confusas acerca do Espírito Santo, pensando que Maomé é o deus dos muçulmanos e que os quakers são personagens de Walt Disney" (ECO, 2009, p. 37).

Anselmo Borges (2009, p. 35) entende ser um fato que não é possível ensinar literatura, história, filosofia, artes, sem uma cultura religiosa mínima. Pelo fato deste ser um mundo cada vez mais multicultural e multirreligioso, só haverá paz no mundo se as mais diversas religiões conviverem em paz, já que a paz exige

Abuso do Poder Religioso nas Eleições

o diálogo inter-religioso, o qual pressupõe o conhecimento das religiões. O autor finaliza, quando se refere ao ensino religioso, deixando claro que "o ensino do religioso não é um ensino religioso" (BORGES, 2009, p. 35).

Por outras palavras, não se pode confundir informação histórica e crítica com a catequese. No catecismo, o objetivo é uma aproximação descritiva, factual e nocional das religiões em presença, na sua pluralidade, sem privilegiar nenhuma, situação distinta da que deve ocorrer quando se fala em ensino religioso.

Ainda abordando o ensino religioso, parece óbvio que o entendimento mais consentâneo com o texto constitucional seria aquele que previsse o ensino da confissão religiosa que o aluno professasse, informada por aquele no ato de sua matrícula, em que pese a enorme, e por vezes intransponível, dificuldade de se ter professores de todas as confissões religiosas em todas as escolas públicas deste país continental, sabido que no Brasil, atualmente, existem mais de 200 denominações religiosas[21]. Isto porque é patente que o sujeito constitucional não pode ter identidade religiosa.

Não obstante, as capelanias militares continuam a existir, assim como o laudêmio, por exemplo, cujo foro é uma taxa que os donos de imóvel têm que pagar anualmente, sendo que parte dela beneficia, além da família imperial, dioceses e irmandades da Igreja Católica situadas em áreas centrais das cidades mais antigas do país como Petrópolis – RJ.

---

21 Tantas denominações religiosas num só país findam por trazer vantagens aos evangélicos, já que, autônomos e diversos, eventuais escândalos os atingem menos que a Igreja Católica, por exemplo, que guarda unidade sacramental e hierárquica.

1.4 A Multifacetada Liberdade Religiosa e os Direitos Fundamentais

A liberdade religiosa tem sua origem, para muitos autores, na Reforma e na Contra Reforma Protestante. Para aqueles, foi este o momento histórico em que o cristianismo europeu se dividiu; não conseguindo o poder político para controlar as várias divisões e subdivisões cristãs, foram os Estados forçados a consagrar a tolerância e, posteriormente, a liberdade religiosa em seu sentido moderno, como forma de manterem a paz, e não impreterivelmente para a necessidade espiritual das pessoas.

Esta luta dos povos por sua liberdade religiosa, compreendida por três fases, que vão da intolerância, passando pela tolerância até atingir a liberdade, é tida como a primeira luta da qual se tem história envolvendo um direito fundamental, sendo, portanto, longo e penoso o caminho que antecedeu à prescrição constante do art. 5º, VI da Constituição Federal, que consagra ser "inviolável a liberdade de consciência e de crença, sendo assegurado o livre exercício dos cultos e garantida, na forma da lei, a proteção aos locais de culto e as suas liturgias" (BRASIL, 1988, *on-line*).

Isto é o que se chama de isonomia religiosa, que é o direito inalienável conferido ao ser humano de não sofrer discriminações em virtude da religião que professa, bem como das confissões em não serem tratadas diferentemente pelo Estado, sem privilégios de nenhuma ordem, de forma igualitária. Não se pode perder de vista que o princípio fundante dos Direitos Humanos, em matéria de liberdade religiosa, é a dignidade da pessoa humana.

No âmbito internacional, a Declaração Universal dos Direitos Humanos, em seu art. 11, I, prevê que não haverá distinção entre pessoas em virtude de sua orientação religiosa (ONU, 1948, *on-line*). Também de se observar a Declaração Sobre a Eliminação de Todas as Formas de Intolerância e Discriminação Fundadas na Religião ou em Convicções de 1981.

Destarte, conforme ensina Humberto Martins (2009, p. 97), "a liberdade de religião implica escolher uma fé religiosa. Também deve ser assegurado ao crente alterar seu vínculo com a igreja escolhida ou até deixar de acreditar em determinada expressão de religiosidade".

Para outros, como Heloisa Chehoud (2017, p. 84), a liberdade religiosa pode parecer questão interna à pessoa, ligada somente ao espírito e ao íntimo de cada um e, portanto, alheia ao mundo jurídico. Entretanto, esclarece que, não se pode olvidar o interior da pessoa e o mundo que a cerca, os quais constantemente trocam informações.

A liberdade religiosa seria, portanto, o gênero do qual as liberdades de expressão, reunião, manifestação, consciência, crença e culto são espécies. A expressão, em matéria religiosa, por sua vez, está protegida por quatro liberdades de matriz constitucional, quais sejam: a liberdade em geral, de consciência, de expressão e religiosa.

Diferenciando o que seja liberdade de consciência, de caráter não religioso, da de crença, Canotilho e Vital Moreira (2007, p. 609) entendem que a primeira consiste na liberdade de opção, de convicções e de valores, enquanto a segunda seria a liberdade de seguir ou não uma religião. Finalizam compreendendo a liberdade de culto como distinta das duas espécies de liberdade por ele citadas, na medida em que englobaria o direito individual ou coletivo de veneração através de atos externos.

A liberdade de crença, por sua vez, é bom não se olvide, pode ser exercida em qualquer lugar, e não apenas nos templos, pode se determinar no sentido de crer em algo ou não ter crença alguma, como ocorre com agnósticos e ateus. Tendo a estrutura de princípio, deve ser realizada em sua máxima potência e abrangência, tratando-se de um direito de toda a comunidade social e não somente individual, já que aqui se vive num pluralismo religioso dentro de um Estado não teocrático regido por um pluralismo político.

A liberdade de crença visa proteger o íntimo, que não pode sofrer pressões ou coação de nenhuma ordem, sejam elas diretas ou indiretas, explícitas ou implícitas. O sujeito deve estar livre e desimpedido para crer (ou não) naquilo que quiser, em qualquer divindade, no transcendental, bem como para mudar de religião quando bem entender. A liberdade de culto normalmente se caracteriza como exteriorização da fé religiosa, manifestando-se através de ritos, reuniões etc.

Por último, a liberdade de organização religiosa é, antes de qualquer coisa, um direito subjetivo das igrejas, e é entendido como a possibilidade de estabelecimento e organização das instituições religiosas e suas relações com o Estado, o que, aliás, já está previsto desde o citado Decreto 119–A, que reconheceu a personalidade jurídica a todas as confissões religiosas. Como exemplos de suas manifestações, tem-se a assistência religiosa em penitenciárias e casas de detenção; o ensino religioso – facultativo em escolas públicas de ensino fundamental – e o casamento religioso com efeitos civis (art. 226, §§ 1º e 2º da CF).

A expressão liberdade religiosa atinge não apenas a dimensão individual, mas também a coletiva, é dizer, não se pode, por via legislativa ou hermenêutica, imporem-se limites às organizações religiosas, criarem-se privilégios valorando-se determinada confissão em detrimento de outra.

No ordenamento jurídico brasileiro, as confissões religiosas são enquadradas como pessoas jurídicas de direito privado, na modalidade de associações (art. 44, I do Código Civil), disposição legal que guarda correspondência com o revogado art. 16, I do Código Civil de 1916, que prescrevia: "são pessoas jurídicas de direito privado as sociedades civis, religiosas, pias, morais, científica ou literárias, as associações de utilidade pública e as fundações" (BRASIL, 1916, *on-line*).

As comunidades religiosas têm, por decorrência, amplo direito de se autodefinirem, o que significa que elas podem, sem a interferência estatal, se auto-organizarem, se autoadministrarem e de se autodissolverem. Tem ainda direito de se autofinanciarem, ou seja, podem pedir e receber contribuições voluntárias, financeiras e de outros tipos, a particulares e instituições, daí porque não há que se questionar, sob este ponto de vista, os dízimos e ofertas pleiteados nos templos, salvo algumas situações especiais descritas ao longo deste trabalho[22]. Seus eventuais conflitos; sejam de que ordem forem, doutrinários, organizatórios ou funcionais; igualmente são resolvidos sem a presença do Estado, o que é mais uma faceta de nossa ampla liberdade religiosa vigente.

A liberdade religiosa possui ainda natureza jurídica de direito fundamental, não somente pelo fato de topologicamente estar prevista no Título II da Constituição Federal (fundamentalidade formal), mas também pelo fato de trazer consigo decisão fundamental sobre a estrutura básica do Estado e sua relação com a sociedade (fundamentalidade material). Questão por vezes tormentosa é delimitar a amplitude que o ordenamento jurídico confere às confissões religiosas, sua vinculação com os direitos fundamentais, bem como as possibilidades de intervenção esta-

---

22 Sobre a cobrança de dízimos e ofertas, foi sintomática a pressão (exitosa) exercida por algumas igrejas sobre o governo federal com vistas à abertura de templos durante a pandemia da COVID-19, sob o argumento de se julgarem prestadoras de um serviço essencial (BATISTA JR, 2020, *on-line*). Noutra ponta, em cultos transmitidos pela RIT (Rede Internacional de Televisão) e pela internet, o bispo R. R. Soares, líder da igreja internacional da graça de Deus, pediu aos seus seguidores que fizessem doações por meio de transferências bancárias ou nas lotéricas, pelo período em que durar a crise do corona vírus (MATOSO; SETO, 2020, *on-line*).

tal nestas instituições. Para tanto, Jónatas Machado (1996, p. 183) cita algumas hipóteses que suscitam a problemática:

> [...] seria possível reintegrar-se ao corpo docente de um seminário professor afastado por suas posições heterodoxas em questões sensíveis (aborto, contracepção, homossexualidade) ou por defender ponto de vista ateu? Qual o alcance da liberdade de expressão no âmbito das confissões religiosas? Seria possível uma mulher alegar ter sido vítima de discriminação sexual diante da recusa das autoridades eclesiásticas à sua pretensão de abraçar o sacerdócio? E o caso de uma mulher solteira, professora de escola de ensino confessional, que é despedida por motivo de gravidez?

Nesse contexto, é o próprio autor quem fornece a resposta, que parece se afigurar a mais adequada. Segundo este, é fundamental que se encontre um equilíbrio, que coibiria tanto a fiscalização excessiva do Estado como a liberdade religiosa plena, para que não seja vista como uma espécie de princípio de imunidade espiritual das pessoas. Se os indivíduos têm o direito a ter sua liberdade religiosa protegida, também às confissões devem ser impostos limites e restrições (MACHADO, 1996, p. 270).

O que não pode ser sequer ameaçado, sob qualquer pretexto, é o direito garantido às entidades religiosas de se autodeterminarem e de se autodefinirem doutrinariamente, como forma inclusive de se garantir a eficácia horizontal dos direitos humanos de seus fiéis. Para Maria Cláudia Pinheiro (2013, p. 475), ao Estado não é suficiente não professar, oficialmente, nenhuma doutrina, é preciso que ele, Estado, além disso, mantenha-se neutro. Neutro significa abster-se de exercer qualquer influência no livre mercado de ideias religiosas e no dissenso interconfessional, naquilo que ela chama de "postura de neutralidade axiológica e não ingerências doutrinária e institucional" (PINHEIRO, 2013, p. 475–477).

Como exemplos, tem-se a situação de, eventualmente, o Estado Juiz, atendendo a pedido de um nubente católico, porém divorciado, não poder determinar ao sacerdote que celebre o seu casamento religioso, ou que uma noiva, grávida, tenha o direito de casar-se perante um padre quando são proibidas as relações sexuais antes do enlace conjugal. Estas prescrições da Igreja Católica, nos exemplos citados, não ferem a Constituição Federal nem o Código Civil, entretanto, eventuais decisões judiciais que ao contrário o façam, violariam o direito à liberdade religiosa assegurado na Carta Magna, já que ao Estado não é permitida uma análise acerca de conteúdos de fé, acolhendo ou hostilizando as religiões e/ou seus seguidores.

Sobre esta tormentosa questão, é importante salientar o previsto no art. 5ª, VIII da Constituição Federal, que dispõe que "ninguém será privado de direitos por motivo de crença religiosa ou de convicção filosófica ou política, salvo se as invocar para eximir-se de obrigação legal a todos imposta e recusar-se a cumprir prestação alternativa, fixada em lei" (BRASIL, 1988, *on-line*).

A única conclusão a que se pode chegar, a partir da leitura do texto constitucional, é que a não intervenção do Estado no corpo das confissões religiosas faz parte do direito à liberdade religiosa, ainda que eventualmente algumas daquelas prescrições religiosas carreguem em seu bojo forte conteúdo discriminatório, diferenciando, como sói ocorrer, as pessoas em função do sexo, da raça etc. Entende-se, no caso citado, que as confissões são livres para escolher aqueles que possuem o perfil mais adequado à promoção de suas doutrinas e à realização de suas missões religiosas. Aqui, vale lembrar, que as confissões religiosas não podem exigir que suas regras sejam cumpridas por outros que não os seus aderentes, sendo permitido a todo aquele que não mais concorde com tais regras a abandoná-la, pura e simplesmente.

Contudo, não se deve concluir que o direito à liberdade religiosa implica em as confissões religiosas estarem imunes a qualquer fiscalização ou interferência estatal, o Estado pode, sim, impor limites às condutas das religiões em situações pontuais, sem que isto implique em ofensa à liberdade religiosa.

Outra questão igualmente complicada, a ser enfrentada no próximo tópico, é saber se as religiões podem criar direitos não tutelados pelo ordenamento jurídico, como a poligamia, o sacrifício de animais, o consumo de drogas em contexto religioso, ou ainda podem restringir direitos, exigindo condutas não obrigatórias pelo ordenamento jurídico como a abstenção de certos alimentos, a não transfusão de sangue, o impedimento do divórcio, além de outras questões abordadas logo na sequência.

A celeuma, ao que parece, ecoou primeiro nos Estados Unidos da América. Prova disto é que lá foi editado o *Religious Freedom Restoration Act*, o qual determina que toda decisão do Estado que restrinja o direito à liberdade religiosa deve ser fundamentada em um interesse público relevante e no meio menos gravoso de se promover esse interesse público.

1.5 Do Culto Religioso, Conceito e Restrições Legais

O culto é a exteriorização da liberdade religiosa, não se pode falar em religião sem culto, sem este ritual, sem esta liturgia, sendo a inviolabilidade dos templos uma das mais importantes facetas da liberdade de culto. Cretella (1974, p. 103) leciona que o culto vem a ser a manifestação das próprias crenças religiosas no mundo externo, ou, mais objetivamente, o conjunto de todos os atos externos, práticas e omissões, com os quais se exterioriza a fé religiosa.

Liberdade de culto implica em liberdade de consciência, embora o contrário não necessariamente exista, eis que a consciência se desenvolve no aspecto íntimo do indivíduo, já sendo por intermédio do culto que o crente (fiel) se comunica com Deus, de modo coletivo quase sempre.

O culto, importante que se diga, implica não somente em erguer os braços aos céus e orar, como comumente se faz, mas também a construção de templos, a celebração de cerimônias etc., são formas de cultuar. O culto pode ocorrer em locais destinados, como os templos, mas também em vias públicas, em praças, e até em ambiente doméstico, todos protegidos pela laicidade do Estado, aliás, no Brasil, desde a Constituição de 1824, nesta hipótese última.

Em um país que desde os seus tempos de colônia foi forjado num grande sincretismo religioso, resguardar o culto livre se afigura fundamental. Desde os indígenas, que tinham as figuras da natureza como deuses e se baseavam na comunicação com os ancestrais, passando pelos escravos negros, cujas manifestações sincréticas eram permitidas até mesmo para aliviar as dores do cativeiro, até o católico popular, na forma de culto aos santos, herdado de Portugal.

Ainda assim, a religião sempre fora usada pelos portugueses proprietários de escravos (índios e negros) como forma de controlá-los, chegando ao ponto de alguns senhores coagirem seus escravos a se confessarem ao menos uma vez por ano. Pior que tal violência contava com o apoio da Igreja Católica. Neste sentido, Emília Viotti da Costa (1988, p. 299) cita metafórico conselho do padre Antônio Caetano da Fonseca aos fazendeiros:

> [...] a confissão é o antídoto das insurreições, porque o confessor faz ver ao escravo que o seu senhor está em lugar de seu pai e, portanto, lhe deve amor, respeito e obediência; que o trabalho é necessário ao homem para sua subsistência; que esta vida é nada em comparação com a

eternidade; e que o escravo que sofre com paciência o seu cativeiro tem a sua recompensa no reino dos céus, onde todos são iguais perante Deus.

Sintetiza a doutrina da igreja católica, moldada à realidade social, aliada ao senhorio, prestava-se a mediadora do abominável jugo, ciente de sua importância enquanto anteparo a conflitos e tensões. Aos sentados às cabeceiras das mesas aconselhava moderação aos proprietários, enquanto aos negros orientava o seguinte sacrifício: "resignação, passividade e esperança na vida eterna, humildade e obediência" (COSTA, 1988, p. 299).

José Bittencourt Filho (2003, p. 214), noutra ponta, sugere que nossa matriz religiosa se consolida com a vinda do kardecismo ao Brasil no século XIX, trazido pela colônia francesa no Rio de Janeiro, composta por jornalistas, comerciantes, professores etc., contando com forte oposição da Igreja Católica. Por conta do estilo racional da doutrina kardecista, passa o espiritismo a se constituir, no começo daquele século, principalmente nas cidades do interior, em ideologia que se opõe à liderança do pensamento exercida pela Igreja Católica. O dogma católico passa a sofrer restrições e, ao mesmo tempo, a adoção de procedimento sistemático na formação da doutrina espírita demonstra ser compatível com as ambições intelectuais de parte da população urbana.

Posto isto, parece incontestável que a liberdade de culto que existe para proteger o cidadão na prática pública da religião – é o que se conhece por proteção à exteriorização da fé – trata-se da garantia ao proselitismo religioso, a certeza conferida àquele para divulgar imune as suas ideias religiosas.

Entretanto, a proibição de o Estado fazer interferências nas religiões não significa dizer que as autoridades devam ficar imunes ao comportamento dos cultos, como é cediço, não há direito absoluto em nosso ordenamento jurídico, que deve ser interpretado sistematicamente, isto desde as Constituições de 1946 e 1967, as quais previam que a liberdade religiosa deveria ser compatível com a ordem pública e os bons costumes.

Para garantir o respeito aos direitos fundamentais, pode-se fazer necessária uma intervenção estatal, que estaria, aliás, plenamente justificada, desde que tenha um caráter pontual, sempre tendo por objetivo o respeito aos grupos religiosos.

Jónatas Eduardo Mendes Machado (1996, p. 280) sustenta que os poderes públicos estão vinculados, designadamente, aos valores fundamentais, constitucionalmente consagrados, os quais seriam: a dignidade da pessoa humana e o tratamento de todos os cidadãos como livres e iguais, membros de pleno direito da comunidade política.

Os cultos, portanto, em que pese não tenham caráter estatal, não estão imunes à atuação regulatória do Estado, não ideológica, por óbvio, mas no respeito e observância a valores fundamentais, cujo descumprimento o Estado não pode aceitar nem transigir.

A liberdade religiosa, mormente a de culto, não é, por certo, um direito absoluto, visto que se trata de um direito fundamental que pode ser restringido, com argumentação jurídica baseada na máxima da proporcionalidade, na ponderação de outros princípios e em regras constitucionais contrapostas.

Aplicando a teoria ao direito fundamental à liberdade religiosa, constata-se que esta é de ser considerada um "mandamento de otimização", protegida de forma ampla, dentro das condições fáticas e jurídicas. Citando a teoria de Robert Alexy, assim se manifesta Peter Eckshmiedt: "será melhor considerar tais direitos como *prima facie*, sabendo que a definição abrangente de liberdade religiosa será incapaz de resolver os casos polêmicos" (ECKSCHMIEDT, 2013, p. 85).

De fato, sendo o culto, conforme mencionado, a exteriorização da liberdade religiosa, criar-lhe restrições é sempre vagar em terreno perigoso, tratando-se de medida excepcional, posto que existe um aspecto religioso imune às valorações do Estado, sendo exigência do pluralismo religioso a inclusão e a tolerância. Trata-se, dessa forma, de um direito que impõe um não fazer por parte do Estado, ou seja, é uma liberdade pública em sentido estrito.

A própria Constituição Federal protege a ampla liberdade de culto, o que não significa dizer que possam funcionar sem restrição alguma, já que, conforme dito, não existem direitos fundamentais absolutos em nosso ordenamento jurídico, que deve ser interpretado de forma sistêmica. Neste aspecto, agiu com acerto o constituinte de 1988, já que não são somente a ordem pública e os bons costumes é que podem restringir um direito fundamental.

Aliás, não apenas a Constituição Federal, mas também o Código Penal protege os cultos:

> Art. 208. Escarnecer de alguém publicamente, por motivo de crença ou função religiosa; impedir ou perturbar cerimônia ou prática de culto religioso; vilipendiar publicamente ato ou objeto de culto religioso: Pena – detenção, de um mês a um ano, ou multa. (BRASIL, 1940, *on-line*)

A regra básica é que, caso um culto venha a se confrontar com o interesse público, a ordem pública, o sossego e os bons costumes prevaleçam, já que, conforme assertoado, os cultos podem ocorrer em qualquer lugar. Abaixo estão listadas algumas formas de restrições impostas aos cultos previstas na legislação infraconstitucional e em decisões judiciais.

Nesse contexto, enfoque maior será dado ao culto que eventualmente ofenda a legislação eleitoral, a qual prescreve que, durante sua realização, ao pregador não é lícito abusar de seu inegável poder pedindo o voto daqueles crentes que lhe assistem, praticando propaganda eleitoral ilegal em bens de uso comum como o são os templos (art. 37, §4º da Lei n.º 9.504/97), norma que não é dirigida às religiões, as quais são, no dizer de Maria Cláudia Bucchianeri Pinheiro (2013, p. 480), "indiferentes eleitorais", senão busca tal proibição preservar o local, que, como dito, é de uso comum.

Por outro lado, os cultos, de modo geral, são impregnados de rituais e às liturgias, aos quais são comumente atribuídos poderes de realizar a cura espiritual. A religião sempre foi absorvida por visões mágicas do mundo e de ingredientes folclóricos, é fato. Aos deuses sempre foi atribuída a responsabilidade por doenças e pragas, mas também cura e livramento, por uma população de analfabetos em sua maioria, como na Europa do século XVI, mergulhada na miséria e na pobreza, exposta às catástrofes naturais, e sem as noções básicas de sanitarismo, saúde pública e mesmo higiene pessoal.

A feitiçaria e as adivinhações tinham então solo propício para grassar, não se podendo olvidar que nesta época na Europa existiam os tribunais da Santa Inquisição, os quais tantos "possuídos" à morte condenaram. No Brasil, descoberto nesta época, sempre grassou um forte sincretismo, dada a presença da religiosidade ameríndia e afro, além do catolicismo importado da Europa, imposto à força, o que findou por ser a combinação perfeita para a existência de práticas como as curas mágicas para as doenças que, como eram tidas como sobrenaturais, somente poderiam ser vencidas por intermédio de recursos sobrenaturais, já que não havia explicações racionais e/ou científicas para as mortes repentinas.

E não apenas para a resolução de questões de saúde se recorriam aos curandeiros, mas seus poderes mágicos eram requisitados também para o desembaraço de questões amorosas, inclusive por reis, rainhas e príncipes herdeiros. Eles também forneciam "proteção" para aqueles que se lançavam nas perigosas aventuras marítimas, recheadas de histórias de tufões e roda-moinhos, caso dos primeiros colonizadores, e de suas mulheres, que se valiam destes sortilégios para terem seus maridos de volta.

A benzedura de animais era prática igualmente existente nesta época, utilizada para a cura daqueles, sobretudo os de sub-sistência, situação que era inclusive tolerada pela Igreja Católica. Os feiticeiros comumente preparavam poções e unguentos, em que pese fosse o Estado secularizado à época.

Além disso, o amor, o sexo e seus desviantes comporta-mentos, que muitas vezes estiveram relacionados ao incesto, ao adultério e à filiação ilegítima, dentre outros, foram trazidos pe-los colonos. É de Gilberto Freyre (1958, p. 47) a explicação para a bruxaria que grassava à época em Portugal. Segundo o autor, aquele país foi desfalcado pelo enorme contingente que se lançou aos mares para descobrir e colonizar novas terras muitas vezes em viagens só de ida. A população portuguesa precisaria de uma espécie de superexcitação sexual advinda dos sortilégios afro-disíacos para preencher os claros deixados por aquelas viagens, pelas guerras e pelas doenças dizimatórias tão comuns naque-le tempo. Feiticeiros, bruxas e benzedeiras detinham, destarte, enorme prestígio naquela sociedade, e foram, naturalmente, tra-zidos para a colônia recém-descoberta (FREYRE, 1958, p. 47).

Esta digressão histórica às nossas raízes sincréticas talvez sirva para justificar o delito de curandeirismo, previsto no art. 284 do Código Penal:

> Art. 284 – Exercer curandeirismo:
>
> I – prescrevendo, ministrando ou aplicando, habitual-mente, qualquer substância;
>
> II – usando gestos, palavras ou qualquer outro meio;
>
> III – fazendo diagnósticos.

Parágrafo único: Se o crime é praticado mediante remuneração, o agente fica também sujeito à multa. (BRASIL, 1940, *on-line*)

A doutrina penal do início do século passado direcionava o curandeirismo às religiões minoritárias, as quais são minoritárias até hoje, mormente as de matriz africana, prova disto é que o exorcismo, ainda hoje praticado por sacerdotes e por pastores evangélicos não é considerado crime, como se tentar limitar um ou outro não fosse esgrimir com a liberdade religiosa.

Pior ainda é classificar como estelionatário (art. 171 do CP)[23] ou charlatão (art. 283 do CP) aquele que cobra por seus serviços, senão o que dizer dos dízimos e ofertas que muitas das vezes funcionam como barganhas cósmicas?

Deste modo, é tênue a linha que separa aquilo que é o uso pelas religiões de seus poderes místicos, daquilo que pode ser entendido como charlatanismo ou mesmo curandeirismo. É preciso uma análise caso a caso. Cobrar por estes serviços, seja através do pagamento por estas consultas espirituais ou mediante a entrega de dízimos e/ou ofertas pode ser um indício, uma pista a ser seguida pela investigação.

Fato inconteste é que os cultos não são, em sua ampla maioria, nem movidos por interesses altruísticos tão somente nem

---

23 Em meio à pandemia da COVID-19, o pastor Valdemiro Santiago, líder da igreja mundial do poder de Deus, anunciou uma falsa cura para o coronavírus, por meio da venda pelo valor de R$ 1.000,00 (um mil reais) de supostas sementes de feijão milagrosas. Como decorrência, o Ministério Público Federal solicitou ao canal *Youtube* a retirada do ar do vídeo, tendo o órgão enviado notícia crime ao *Parquet* com vistas à responsabilização do citado religioso por estelionato. Para a Procuradoria, restou claro: "o uso de influência religiosa e da mística da religião com o propósito de se obter ou vantagem pessoal (ou em benefício da IMPD), induzindo vítimas em erro, pois não há evidência conhecida de cura da COVID-19 por meio de alguma divindade nem por ingestão ou plantação de feijões mágicos". (DIÁRIO, 2020, *on-line*)

Peterson Almeida Barbosa

inteiramente isentos de toda e qualquer restrição legal tendo a liberdade religiosa como pano de fundo, sendo fartos os exemplos das limitações que a legislação e decisões judiciais os impõem, algumas das quais passam a ser citadas logo abaixo.

Os líderes, pastores e afins da religião "Testemunhas de Jeová", por exemplo, interpretando as passagens bíblicas dispostas no Gênesis (9:3–4), Levítico (17:10) e Atos dos Apóstolos (15:19–21), proíbem a seus seguidores de realizarem transfusões de sangue, ainda que por orientação médica que prescreva ser este o único tratamento capaz de evitar a morte iminente daquele paciente, mesmo que tais pacientes sejam menores ou pessoas sob a guarda e responsabilidade de um daqueles seguidores.

A posição dos médicos quanto à questão foi fornecida pelo Conselho Federal de Medicina, ao dispor que: "I – Se não houver iminente perigo de vida, o médico respeitará a vontade do paciente ou de seus responsáveis; II – Se houver iminente perigo de vida, o médico praticará a transfusão de sangue, independente de consentimento do paciente ou de seus responsáveis" (CFM, 1980, *on-line*).

Dentro desta linha, a jurisprudência e a doutrina já se encontram pacificadas sobre o tema, entendendo que, em caso iminente, não havendo uma alternativa de tratamento, o médico não apenas tem o poder, senão o dever de fazer a transfusão. A problemática, no entanto, reside no fato de, com tais entendimentos, não estarem os médicos (e o Judiciário), intervindo na autonomia do indivíduo e em sua liberdade religiosa, direito fundamental de matriz constitucional consoante fora exposto? Estar-se-ia, assim, ante uma colisão de direitos, estando de um o direito à vida e do outro o direito à liberdade religiosa?

A solução, mais uma vez, parece ter sido fornecida por Robert Alexy (2007, p. 57), para quem a colisão em sentido estrito ocorre "quando o exercício ou a realização do direito fundamental de um titular de direitos fundamentais tem repercussões negativas sobre direitos fundamentais de outros titulares de direitos fundamentais".

Em suma, apenas e tão somente haveria uma colisão de direitos se a recusa de tratamento envolvesse, por exemplo, uma doença epidêmica que pudesse ameaçar a ordem pública.

Situação similar ocorre com as duas principais religiões afro-brasileiras, as quais são o candomblé e a umbanda, fortemente verificadas em estados como o Rio Grande do Sul e a Bahia. O candomblé, que cultua os orixás, chegou ao Brasil com o tráfico de escravos da África Ocidental. Por serem considerados feiticeiros pelos colonizadores portugueses, seus adeptos passaram a associar seus orixás a santos católicos. Suas cerimônias são realizadas em terreiros.

Já a umbanda tem suas origens no Rio de Janeiro dos anos 20. Esta considera o universo povoado de entidades ou guias, que se comunicam com os homens através das incorporações, numa forte influência do kardecismo.

Nos rituais do candomblé, animais são sacrificados, prática usada inclusive com fins alimentares por seus seguidores, mas também como oferta aos deuses, assim como oferecem flores, perfumes e água limpa e fresca. Insta esclarecer que os animais sacrificados são apenas os que integram o cardápio brasileiro comum, como caprinos e aves, por exemplo, os quais, inclusive, não podem ser maltratados pela simples razão de serem considerados sagrados. Esta observação é importante para desmistificar informação maldosamente disseminada por confissões rivais que animais domésticos como cachorros e gatos também seriam sacrificados, o que não corresponde à verdade.

O Supremo Tribunal Federal, acerca do assunto, ao decidir com voto do relator, ministro Marco Aurélio, argumentou que:

> É inadequado limitar a possibilidade do sacrifício de animais às religiões de origem africana, conforme previsto na norma questionada. A proteção ao exercício da liberdade religiosa deve ser linear, sob pena de ofensa ao princípio da isonomia. No Estado laico, não se pode ter proteção excessiva a uma religião em detrimento de outra. À autoridade estatal é vedado, sob o ângulo constitucional, distinguir o conteúdo de manifestações religiosas, procedendo à apreciação valorativa das diferentes crenças. É dizer, a igualdade conforma, no Estado de Direito, o âmbito de proteção da liberdade religiosa. Sem o tratamento estatal equidistante das diversas crenças, a própria laicidade cai por terra. (STF, 2018, *on-line*)

De fato, trata-se de um movimento pendular, já que, na medida em que uma decisão judicial limita injustificadamente o culto de certa religião, cria-se para ela desvantagens privilegiando as demais, a não ser que existam razões de ordem pública a justificarem tal distinção, o que não foi o caso, para tanto bastando que se vislumbre a decisão da suprema corte, não sendo excessivo olvidar que a liberdade é a regra, sendo a limitação a exceção.

Na mesma esteira restritiva, a religião intitulada Adventistas do Sétimo Dia impõe a seus seguidores que guardem os sábados, o que levou o Tribunal Superior do Trabalho – TRT (2018, *on-line*) a, instado a se manifestar sobre a possibilidade de o trabalhador adventista faltar ao trabalho aos sábados, em respeito à religião que professa, decidir que o empregador deveria adequar o repouso semanal daquele. Ou seja, havendo uma aparente colisão de normas, no caso, entre o direito do empregador e o da liberdade de crença religiosa garantida no art. 5º, VI da Constituição Federal, a última deveria prevalecer, sem possibilidade de demissão nem alteração contratual.

Tal decisão vem a demonstrar que ao culto sempre é possível imporem-se limitações, como demonstrado nos exemplos acima, como forma de serem preservadas a ordem jurídica, a moral e os bons costumes.

Por fim, tem-se o cognominado abuso do poder religioso, que será amplamente abordado nos próximos capítulos, de forma que, por ora, este tópico focará na questão dos limites que tais entendimentos querem criar à pregação neopentecostal, que é um dos exemplos de manifestação daquele e de outros cultos religiosos, sendo para alguns considerada a própria razão de ser de certas agremiações religiosas. Outros entendem que, sem a fala que ecoa dos púlpitos, as confissões evangélicas se reduziriam a associações sem fins lucrativos.

Contudo, a pregação não pode ser abusiva. Sobre este ponto, discorre Humberto Martins (2009, p. 109) que a tolerância perpassa:

> 1) aceitação das diferenças religiosas; 2) acatamento das formas de culto; 3) respeito ao proselitismo; 4) coibição do proselitismo abusivo, como o emprego de formas de pregação que ultrapassem os limites da liberdade individual, da intimidade, da privacidade e da autodeterminação.

Como mais um elemento complicador a esta tentativa, mormente da legislação eleitoral, de impor certos limites aos cultos internos religiosos, tem-se que aqueles, quando realizados dentro dos templos, estão protegidos não apenas pela liberdade religiosa como também pelo direito geral de propriedade e pela proteção constitucional da intimidade, tendo em vista que certas reuniões religiosas se realizam sob o manto do sigilo (art. 5º, VI, CF).

De outra banda, é fato que os crentes (mais das vezes carentes) são, em sua maioria, vulneráveis, sendo abduzidos, submetidos a uma verdadeira embriaguez litúrgica por verdadeiros mestres da linguagem religiosa que os recepcionam da melhor maneira possível, orientando-os sobre a necessidade de seguirem frequentando os cultos, participando das correntes de oração como forma de obterem as bênçãos desejadas, algumas das vezes inserindo-os em grupos menores e mais íntimos como de jovens ou em núcleos de crentes que se reúnem em residências de um dos membros conseguindo algumas confissões extraírem, além de dízimos e ofertas, comprometimentos os mais diversos, como o uso de vestimentas típicas (ainda que inadequadas ao nosso clima tropical) ou o abandono de vícios.

Entretanto, como sempre, recomenda-se parcimônia na abordagem do fenômeno, consoante ensina Frederico Alvim (2019, p. 287), para quem é preciso analisar o teor do discurso, o seu modo de exposição e as demais circunstâncias que se façam relevantes, o que faz com que o abuso de poder religioso seja mais fácil de ser teorizado do que visualizado na prática, "mormente porque no âmbito de relações sociais assimétricas a linha entre o diálogo legítimo e a pressão política é demasiado tênue".

Neste sentido, não restam incertezas de que a influência do discurso religioso na formação da vontade do eleitor deve estar sujeita a limites, e que a violação desses limites deixa comprometidas a normalidade e a legitimidade do processo democrático do Estado de Direito. Contudo, deve-se utilizar do devido critério, evitando-se que, ao argumento do combate ao abuso do poder eleitoral, não se esteja diante de um caso de intolerância religiosa, o que é, da mesma forma, condenado pela legislação (ALMEIDA; COSTA, 2015, *on-line*).

Num primeiro momento, as igrejas evangélicas adotaram uma postura de negação do mundo, seguindo o ensinamento que prescreve que "meu reino não é deste mundo", apolítica por via de consequência, para depois partirem para uma atitude afirmativa, a qual supostamente deveria vir acompanhada de uma ética bíblico política, que pensasse em todos e não apenas em nós. O Brasil vivencia, desde a década de 50 de modo superlativo, um forte pluralismo religioso, com o abrasileiramento do pentecostalismo[24], que, dentre outras coisas, instrumentalizou aquela religião. A partir do instante em que passaram a intervir na política, as religiões que assim o fizeram tiveram que jogar o jogo, sendo utilizadas como moeda de troca por cargos e apoio político nas esferas do governo.

A sociedade nunca poderá, portanto, ser considerada 100% laica, ainda que sob infringência à peculiaridade do poder político republicano, que é a apartação da igreja do Estado. Não há, portanto, uma completa independência da religião, já que sempre procurará produzir alguma coisa que seja similar à simbologia religiosa, tornando assim possível a vida em grupo, na medida em que a religião doméstica as massas e confere legitimidade à política e ao poder político de seus líderes.

O ingresso dos pastores na política se deu a partir de leituras que aqueles fazem dos textos bíblicos, os quais, segundo eles, não delimitam fronteiras entre os assuntos mundanos e os espirituais, levando, destarte, muitas das vezes, a um desvirtuamento da liberdade de culto de matriz constitucional. Afora isto, sua ação social e as teologias com as quais fundamentam suas pregações inexoravelmente vergam e inclinam para a política. Sua obsessão pelos meios de comunicação é outro indício inafastável, sendo fato que onde existe fácil acesso evangélico à rádio e à televisão a comunidade evangélica é mais numerosa, e a relação política/religião se acentua e ganha contornos de domínio sistêmico.

---

24 O pentecostalismo tradicional pode ser considerado como "conservador", eis que indiferente à vida política. Noutra margem, os neopentecostais são marcados pela presença, por vezes excessiva, na vida política eleitoral, alinhando seu discurso em tripés, verdadeiros combos do tipo: violência urbana/favelas/meios de comunicação.

Peterson Almeida Barbosa

Sobre as pregações, é interessante observar o que ensina Eduardo Maia (2006, p. 58), para quem há dois tipos de discursos bastante definidos e delineados. De um lado o discurso laico, laico em que pese impregnado de valores religiosos, e o discurso religioso propriamente dito. No primeiro, são apresentados argumentos referentes a valores da ética protestante. Nele são abordadas questões-chavão, como a necessidade de proteção a valores da família e da igreja, na importância de se conseguir recursos para as comunidades e para as igrejas (algo que boa parte da literatura define como um tipo de clientelismo e patrimonialismo), na obrigação de se fazer representar no espaço político, etc. No que se refere ao segundo, é nítido o intento de se sacralizar o espaço político, identificando-o àquele e assim criando uma espécie de juízo preferencial, posicionando as autoridades religiosas que se tornam autoridades públicas como intermediários entre as mensagens sagradas e os indivíduos, seus destinatários. Na verdade, trata-se de uma velada tentativa de se ampliar o espaço para além das igrejas e dos lares.

Ari Pedro Oro (2003, p. 103), citando a Igreja Universal do Reino de Deus, entende que esta se utiliza de um discurso que traz para o campo político importantes elementos simbólicos do campo religioso. Para o autor, aquela e outras igrejas pentecostais ou reformadas, passam a entender a corrupção como a antítese dos princípios cristãos de valorização da comunidade, do bem comum e da fraternidade, constituindo-se no inimigo do bem-estar dos cidadãos. Diante deste quadro, se prestaria este ambiente corrupto para justificar e legitimar o ingresso dos pastores na política, uma vez que eles se consideram uma espécie de reserva moral da sociedade.

É esse discurso de "orientação" às "ovelhas"[25], que ocorre durante os cultos na maioria das vezes, que tem levado os pastores às barras da Justiça, mormente a Eleitoral, reforçada pelo crescente número daqueles que resolveram trocar os púlpitos pelos palanques, os altares pelo engajamento político partidário, para tanto se utilizando do desbotado "voto de cabresto", típico do coronelismo político que marca a política brasileira, e da utilização da política em benefício próprio e/ou da igreja que o elegeu. E é justamente essa obediência cega e irrestrita do rebanho, verdadeira massa conivente e/ou alienada passivamente tangida pelo pastor, que vem sendo combalida por reiteradas decisões de nossas Cortes Eleitorais.

Sem embargo, não se está falando em censura durante as pregações, exageros é que são sempre censuráveis, o que implica em dizer que não se está propondo a proibição ou a restrição de líderes religiosos expressarem suas opiniões políticas, ou mesmo participarem do debate público, desde que *cum grano salis*, ou seja, observando-se o local em que se faz o uso desta palavra; a condição na qual dela se utilizam; para quantas pessoas é dirigida e qual o seu conteúdo. Situação que não incomumente ocorre, e que deve ser evitada, é a utilização do púlpito por religiosos enquanto candidatos (salvo se desincompatibilizados), ou ainda a participação em atos de campanha (carreatas, comícios etc.). Exagero mesmo é que tais líderes, por conta de suas adesões religiosas, considerarem-se

---

25   Oportuna a citação de Frederico Alvim (2019, p. 291) a este respeito: "A própria terminologia usualmente empregada à comunidade de fiéis denota sua ligação com a influência e, por derivação, com o potencial estabelecimento de uma relação de poder. Segundo léxicos e lexicógrafos, o verbete rebanho indica, em sentido figurado: 'conjunto de fiéis em relação a seu pastor, Papa, bispo ou pároco', mas também grupo de pessoas que se deixa levar sem manifestar opinião e vontade próprias' (Aurélio Buarque de Holanda); a 'congregação da paróquia em relação ao pároco', mas também 'grupo de pessoas sem vontade própria e facilmente manipuláveis' (Antonio Houaiss)".

perseguidos, ou cidadãos de segunda categoria, valendo o exemplo de magistrados e membros do Ministério Público que assim não são vistos, em que pese sejam proibidos de terem filiação partidária ou externarem publicamente suas preferências políticas, sem comprometimento de suas autodeterminações, suas liberdades de escolha, sua cidadania plena enfim.

A Justiça Eleitoral age com acerto ao impor limites a estas pregações abusivas, em que pese esbarre na ausência de uma tipificação específica, que seria o abuso do poder religioso. Logo, caberia ao Congresso Nacional suprir tal lacuna legislativa, não deixando o problema em aberto como está.

Fato é que as igrejas neopentecostais encontram-se em vertiginosa ascensão, fascinadas pelo poder e com a conversão facilitada por seus inflados bolsos, sendo necessário compreender suas origens, as Teologias que adotam, e seu ambicioso projeto de conquista dos poderes empresarial, midiático e político para justificar a intervenção estatal, que, somente se ocorrer fundamentadamente, poderá superar a sempre alegada ameaça à liberdade religiosa vigente no Estado laico.

2. As Igrejas Neopentecostais: Teologias e Práticas Religiosas

Paul Freston (1994, p. 87), sociólogo e um dos mais importantes pesquisadores sobre religião do Brasil, vaticina não ser possível entender a recente incursão evangélica na política sem compreender sua origem, sem dissecar suas teologias, sem delinear a diferença entre as igrejas protestantes históricas e as neopentecostais, não sendo outro o propósito deste capítulo nesta obra.

De fato, sem que se disponha a dar um mergulho profundo na gênese, no processo evolutivo, nas bases teológicas, nas práticas religiosas, assim como nos objetivos e anseios de poder multifacetado das igrejas neopentecostais, não se saberá o porquê de elas (e somente elas) figurarem como sujeitos passivos nas ações ingressadas junto às Cortes Eleitorais por supostas práticas de "abuso do poder religioso".

Do contrário, estar-se-á exposto ao risco de acatar a tese de perseguição – por elas intitulada "cristofobia" – sempre utilizada em suas defesas[26]; além do constantemente alegado desrespeito, por parte de seus inquisidores, à ampla liberdade religiosa vigente neste país, declaradamente laico à luz do texto constitucional vigente. Liberdade religiosa, oportuno pontuar, que vige muito mais para os crentes que para as confissões.

É preciso compreender o centralismo e a verticalização das decisões como características que as distinguem, os quais tolhem a liberdade dos fiéis quando dos processos eleitorais, mormen-

---

26 A ideia de "igreja perseguida" termina por favorecer a IURD, na medida em que faz uso dela para convencer sua membresia acerca da necessidade de votar nos candidatos que aponta.

te no instante de conquistar e angariar os seus votos, ungindo candidaturas oficiais que afetam de morte as consciências daqueles. O temor reverencial não deve ser a novilíngua e, tal qual os poderes econômico, político ou midiático, deve passar ao largo do processo eleitoral, que deve ser regido pelos princípios da normalidade e legitimidade ("*free and fair elections*", de lastro constitucional – art. 14, § 9º, CF).

A fascinação exercida nos fiéis pelos cultos, que se tornaram verdadeiros espetáculos televisivos, pode até inspirar a confiança daqueles, mas não pode tutelar suas escolhas; púlpitos não são palanques, senão ao contrário, são espaços públicos nos quais é expressamente proibido se induzir ou mesmo postular votos. Este verdadeiro "coronelismo religioso" é detentor de ascendência, influência e persuasão como talvez nenhum outro o seja; sua força é transcendental; a ele não ceder pode implicar no castigo do "fogo eterno", o que é muito além de desleal com os *players* não religiosos ou não seguidores de determinadas confissões.

À impossibilidade da pesquisa abranger o estudo de todas as igrejas evangélicas, e considerando as similares origens, matrizes teológicas, práticas e metas daquelas, o foco foi a de maior destaque, visibilidade e conhecimento público, qual seja, a IURD, também por seu destacado número de fiéis, de templos, por seu poderio empresarial, midiático e político, sem que nem de longe possa significar um direcionamento guiado por propósito nenhum; tratou-se, apenas e tão somente, de uma análise totalmente despida do fenômeno sociológico que ocorre a olhos vistos, sob os mais amplos rigores que devem plasmar uma verdadeira pesquisa científica.

2.1 As Igrejas Neopentecostais: Conceito, Origem, Evolução e Práticas Religiosas

Mas, o que significaria, afinal, o termo neopentecostal? Neopentecostais são evangélicos? Ou vice-versa? Esses são questionamentos nem sempre fáceis de responder, mesmo no meio acadêmico. Buscando respostas, tem-se a metáfora das ondas marinhas, criada pelo citado Paul Freston, como a mais didática, elucidativa e convincente.

Para o autor, o neopentecostalismo seria a "terceira onda"[27] do evangelicalismo,[28] já que sua manifestação se deu após a década de 1970, expandindo-se com maior vigor após a década de 90 (FRESTON, 1994, p. 87). Até os anos 70, os protestantes tradicionais eram, em sua maioria, pobres, alguns inclusive privados

---

27 Segundo Ricardo Mariano (1999, p. 28–36), "no Brasil, Freston foi o primeiro a dividir o movimento pentecostal em ondas. A partir de um corte histórico-institucional e da análise da dinâmica interna do pentecostalismo brasileiro, Freston dividiu-o em três ondas, como segue: 'O pentecostalismo brasileiro pode ser compreendido como a história de três ondas de implantação de igrejas. A primeira onda é a década de 1910, com a chegada da Congregação Cristã (1910) e da Assembleia de Deus (1911) [...] A segunda onda pentecostal é dos anos 50 e início de 60, na qual o campo pentecostal se fragmenta, a relação com a sociedade se dinamiza e três grandes grupos (em meio a dezenas de menores) surgem: a Quadrangular (1951), Brasil Para cristo (1955) e Deus é Amor (1962). O contexto dessa pulverização é paulista. A terceira onda começa no final dos anos 70 e ganha força nos anos 80. Suas principais representantes são a Igreja Universal do Reino de Deus (1977) e a Igreja Internacional da Graça de Deus (1980) [...] O contexto é fundamentalmente carioca. [...] As igrejas da terceira onda enfatizam a liberação dos demônios, enquanto a primeira onda privilegia as línguas estranhas e a segunda, a cura divina'". Isto, em que pese Mariano (1999, p. 37) adote nomenclatura própria, ao classificar o pentecostalismo em três vertentes: pentecostalismo clássico, deuteropentecostalismo e neopentecostalismo.

28 Para Odêmio Ferrari (2007, p. 87), "a Igreja Universal distingue-se das denominações evangélicas do pentecostalismo clássico por não enfatizar a necessidade de conversão, mas de libertação. Não é necessário fazer a conversão pessoal, humilhar-se reconhecendo culpa e pecado, porém o que se deve fazer é expulsar satanás, o invasor e culpado de tudo".

de uma cultura e educação essenciais, daí porque o sectarismo (contrário à participação político partidária, à busca da riqueza, etc.) e o ascetismo (rigorismo nas vestimentas, dentre outras proibições; até mesmo a prática de esportes etc.). Tais características é que justificariam aquela religião não ter produzido atritos, fato apenas ocorrido após a ascensão social verificada a partir daqueles anos. Com mais condições financeiras para desfrutar dos prazeres mundanos, naturalmente se fez necessária uma substituição daquelas concepções teológicas, que preparavam para a morte, enquanto os novos fiéis buscavam uma igreja que os preparasse para a vida.

Nesta alusão às ondas marinhas (teoria/metáfora que se apropriou de David Martin), o sociólogo Paul Freston (1994, p. 89) distingue três grandes ondas, que inclusive coexistiram, a saber: a puritana, a metodista e a neopentecostal. São considerados evangélicos, e guardam profundas diferenças com relação ao protestantismo, que tem forte reflexão teológica, sendo mais fixo, dogmático, institucionalizado em suas confissões de fé, com cânions revelatórios fechados, ao passo que o neopentecostalismo é dinâmico, tem aquilo que se chama de uma "revelação aberta".

O que se conclui, ao fim e ao cabo, é que entre as duas primeiras ondas pentecostais não há relevantes diferenças teológicas, sendo as neopentecostais as grandes divergentes, sob o ponto de vista doutrinário e comportamental e sua inserção social. Seu traço cada vez menos sectário, ascético e anti-intelectual, dado que não mais adotam o legalismo pentecostal, suas posturas liberais e seus investimentos extra igreja, como empresariais, midiáticos, assistenciais e políticos, as tornam únicas no cenário religioso brasileiro, destacando-se, dentre aquelas, como já mencionado, a IURD, por seus rituais de exorcismo e por suas incisivas súplicas por ofertas, numa verdadeira doutrinação quanto à imprescindibilidade de sua fidelidade por parte dos fiéis, que inclusive lhe rende muitas críticas.

As confissões e suas racionalidades sempre moldaram os sistemas econômicos, senão veja-se o que ocorreu com o capitalismo europeu e americano que foram influenciados pela racionalidade protestante[29]. Ocorre que o evangelicalismo protestante sempre primou pela autonomia, pela razão, pela liberdade do indivíduo como elementos importantes em sua vida religiosa, ao contrário das igrejas neopentecostais, as quais cresceram com o discurso narrativo modificado, e com ele passou-se a existir um novo espírito do capitalismo. A sempre buscada ascensão social hoje não mais se daria pelo trabalho e pelas economias domésticas, senão por conversões e promessas mágicas, numa sociedade pós moderna que valoriza o individualismo e o hedonismo. As religiões contemporâneas, não seria exagero dizer, se tornaram mais um item de consumo.

Autores como Gérson Leite de Moraes (2010, p. 05) criticam o termo *neo*, já que, conforme o autor, "apesar de o termo ter sido muito válido no contexto religioso brasileiro na década de 90, hoje em dia pode-se dizer que o conceito neopentecostal envelheceu. O prefixo *neo* não designa nada de novo no que tange ao movimento pentecostal brasileiro".

A origem do pentecostalismo é norte-americana, tendo surgido naquele país no início do século XX, representando mais uma fragmentação no cristianismo, eis que já sofrera outras, sendo a Reforma Protestante a de maior vulto. Por conta de forte perseguição religiosa que ocorria na Europa, desde o século XIX, milhares

---

29 A ética protestante de Max Weber ajudou a difundir o capitalismo através da autoridade calvinista. Para ele, importam mais os códigos éticos que a ética proclamada a partir dos púlpitos. Se aqueles não forem observados, deverá o membro transgressor ser sancionado.

de migrantes europeus levaram suas igrejas (inicialmente consideradas seitas), denominações e confissões para aquele país, ali institucionalizando-se, chegando ao ponto de hoje os Estados Unidos serem considerados um dos países de maior população religiosa do mundo[30]. No Brasil, a porcentagem de protestantes históricos[31] só perde para aquele país, estando inclusive à frente dos históricos centros de protestantismo da Europa.

A ordenação do campo religioso evangélico se dá em três grupos, com base em critérios históricos de implantação das igrejas, mas também alicerçada em distinções teológicas e comportamentais. O termo evangélico, por conseguinte, abrangeria as igrejas protestantes históricas (Luterana, Presbiteriana, Congregacional, Anglicana, Metodista, Batista e Adventista), as pentecostais (Congregação Cristã do Brasil, Assembleia de Deus, Evangelho Quadrangular, Brasil para Cristo, Deus é Amor, Casa da Bênção etc.) e as neopentecostais (Universal do Reino de Deus, Internacional da Graça de Deus, Renascer em Cristo, Sara Nossa Terra etc.)

Isto posto, o primeiro registro histórico do pentecostalismo no Brasil data de 1910, advindo de Chicago, através de Gunnar Vingren e Daniel Berg, evangelistas suecos[32], e do italiano Luigi Francescon, que inicialmente se instalaram em Belém – PA, à

---

30   Prova disto é como são chamadas algumas de suas regiões, como o "Cinturão Bíblico" (*Bible Belt*), em que a prática da religião protestante (Igreja Batista – Convenção Batista do Sul) faz parte da cultura local, localizado no sudeste daquele país, englobando Texas, Saint Louis, Virgínia, Flórida, Atlanta, Geórgia, dentre outros; e o "Corredor Mórmon", que compreende os estados de Utah, Idaho, Nevada e Colorado, além de algumas regiões da Califórnia, Wyoming e Arizona.

31   Parte da literatura especializada diferencia os protestantes históricos dos evangélicos levando em conta a época de origem, a procedência geográfica (para aqueles a Europa e a Reforma do século XVI, para este os Estados Unidos e o início do século XX), bem como algumas ênfases doutrinárias.

32   Para Paul Freston (1994, p. 48), "surgiu um *ethos* sueco nordestino que reflete a marginalização cultural do pentecostalismo na Suécia das primeiras décadas do século e a sociedade patriarcal e pré-industrial do Norte/Nordeste dos anos 30 a 60".

Abuso do Poder Religioso nas Eleições

época vivendo forte crise econômica decorrente do declínio da borracha, logo conquistando seu espaço no subcampo brasileiro, tendo o país, na década de 1950, recebido uma nova leva de pentecostais, desta vez norte-americanos da *International Church of Foursquare*, os quais criaram em São Paulo a "Cruzada Nacional da Evangelização", e se baseavam, primordialmente, em dois fundamentos teológicos, quais sejam o batismo no espírito e a leitura da palavra, evangelizando focados na pregação da cura divina, o que findou por atrair hordas de pessoas.

O primeiro brasileiro a fundar uma igreja importante foi Manoel de Melo, a "Brasil para Cristo", em 1955; seguido por Davi Miranda com a "Deus é Amor"; Edir Macedo com a "Igreja Universal do Reino de Deus", no fim dos anos 1970; R.R. Soares em 1980 com a "Internacional da Graça de Deus" e, por fim, Valdomiro Santiago com a "Mundial Poder de Deus". Hoje, fala-se em mais de 1500 denominações evangélicas no Brasil, com muitas características comuns, como a flexibilização das primitivas regras morais, como vestimentas e proibições, a pregação baseada nas Teologias da Prosperidade e do Domínio, o reforço da cultura do consumo, a utilização em larga escala da mídia eletrônica (que é bem suscetível ao mundo evangélico), como forma de proselitismo e a participação política, características às vezes comuns, às vezes típicas de determinada denominação.

Desde então, o que se constatou foi um exponencial crescimento da população evangélica no Brasil. Sua presença na cena pública tem suscitado estudos e pesquisas por parte de vários ramos da ciência, como a Antropologia, a História, a Sociologia, as Ciências Políticas e o Direito, aliás sendo este trabalho fruto. Números dos censos do IBGE (2012, *on-line*) apontam que, no ano 2000, quando este país tinha uma população de 170 milhões de habitantes, 120 milhões se declararam católicos, enquanto que cerca de 15,4% da população se declarou evangélica, o equivalente a 26,2 milhões de pessoas (em 1991 esse número era de 13 milhões). 10 anos após, em 2010, esse número saltou para 42,3 milhões, ou 22,2% da população (IGBE, 2012, *on-line*). Em 2016, os que se dizem evangélicos representam 29% da população, ou seja, praticamente 1/3, ou 3 em cada 10 brasileiros maiores de 16 anos, sendo a maioria mulheres, das classes mais humildes, e negras. Verifica-se, portanto, um desenvolvimento numérico além de uma distribuição dos evangélicos na pirâmide social.

Seu assustador crescimento após os anos 1990 se deu, especialmente, na periferia dos centros urbanos (30% dos moradores das regiões metropolitanas do Rio de Janeiro, São Paulo e Minas Gerais), onde vivem muitos despossuídos de perfil intelectual, mais facilmente manipuláveis, optando por seguirem religiões com ênfase sentimental, daí porque o pentecostalismo é tido como religião dos pobres. É importante pontuar que, apesar do elevado número de denominações pentecostais no Brasil, segundo dados do censo 2010, apenas três confissões concentram algo em torno de 74% dos pentecostais, quais sejam: a Assembleia de Deus, a Congregação Cristã no Brasil e a Universal do Reino de Deus, o que, noutra ponta, explicaria o porquê de serem estas as que detém maior visibilidade pública e sucesso na política partidária (IGBE, 2012, *on-line*).

Os evangélicos se concentram mais nas regiões Sudeste, Norte e Centro Oeste, sendo que os Estados do Rio de Janeiro (capital da política evangélica) e Roraima já contam com suas populações majoritariamente evangélicas[33]. Tem em média 24,4

---

33   O Rio de Janeiro tem, inclusive, chamado a atenção da imprensa internacional pelo exponencial crescimento numérico dos frequentadores das igrejas neopentecostais. Em recente matéria, o jornal americano *The Washington Post* publicou: "*Rio de Janeiro, long home to a diverse collection of Afro-Brazilian*

anos, sendo majoritariamente brancos; sua taxa de alfabetização é de 87,8%, com maior variação no Nordeste. Enquanto isto, os católicos têm renda mais alta, sendo mais escolarizados e moradores de áreas mais nobres das capitais, mais distantes, portanto, do narcotráfico e da política clientelista (IGBE, 2012, *on-line*).

No atinente a suas práticas religiosas, as igrejas neopentecostais, comparadas às denominações pentecostais precedentes, apresentam poucos traços de seita (no sentido sociológico do termo), mostrando-se mais flexíveis e adaptadas à sociedade de consumo. São ousadas no marketing, fazem intenso evangelismo através da mídia eletrônica, são mais liberais no plano comportamental, abandonaram vários traços sectários de sua religião e romperam com o ascetismo contracultural, de origem puritana, personalizado no velho estereótipo pelo qual os crentes eram reconhecidos e em algumas ocasiões insuportavelmente estigmatizados, já que acusados de fanatismo religioso, sendo visível o desejo dos novos crentes de facilmente passarem por descrentes.

Assim, diminuíram, por princípio e estratégia proselitista, suas exigências éticas e comportamentais, as quais foram relaxadas, deixando-se de lado a culpa moral, o que desde logo foi percebido com grande sagacidade, verdadeira "bala de prata" para as igrejas neopentecostais, que viam tais limitações como barreiras para a conversão de indivíduos, especialmente os da classe média. Com isto, "nascer de novo" tornou-se menos traumático, não mais ocorrendo o êxodo que era verificado nas igrejas pentecostais tradicionais.

As igrejas neopentecostais tem forte apelo popular, e é justamente por conta de sua doutrinação que o Tribunal Superior Eleitoral, seguido por vários Tribunais Regionais Eleitorais, as-

---

religions, is also now the center of Brazilian neo-Pentecostalism, a zealous strain of evangelicalism more frequently linked to intolerance" (MCCOY, 2020, *on-line*).

sim como pela doutrina eleitoralista, verificando que muitos daqueles pastores ingressaram na política, concorrendo e logrando êxito em eleições, passando a exercer mandatos eletivos, aos quais imprimem caráter profético, seja no Legislativo ou no Executivo, começaram a investigar possíveis desequilíbrios entre os concorrentes no pleito (anormalidade do processo eleitoral), bem como ofensas ao voto livre e consciente por parte dos eleitores (ilegitimidade do processo eleitoral).

A profissão de pastor para muitos é vista como lucrativa, sua doutrinação tem o pragmatismo religioso e a espontaneidade como marcas, baseada, ao lado e por meio disto, na tríade cura, exorcismo (poder da fé) e prosperidade; adotam posturas menos sectárias e ascéticas, não repudiam o mundo (não adotam "o meu reino não é deste mundo", frase utilizada pelos crentes pentecostais tradicionais); são mais liberais, exigem menos sacrifícios, são próximas do *ethos* de seus pares descrentes, e tendentes a investir em atividades extra igreja. Além disto, são traços distintivos destas confissões o abandono (ou abrandamento) do ascetismo, a dessectarização, a valorização do pragmatismo, a atuação empresarial, a utilização da mídia para o trabalho tático agressivo de proselitismo em massa (evangelismo radiofônico) e a utilização de técnicas avançadas de propaganda religiosa (por isso, intituladas de "igrejas eletrônicas"), além do acirramento da guerra espiritual contra as denominações rivais[34].

Enquanto as pentecostais tradicionais são mais focadas na palavra e nos livros, com poucas concessões ao ambiente cultural brasileiro, que enxergam como algo a ser mudado, as neopentecostais creem nos dons do Espírito Santo, os quais, em que pese

---

34 A guerra espiritual contra o Diabo e seus representantes na Terra, além da pregação baseada na Teologia da Prosperidade são as grandes armas utilizadas no plano teológico.

cada igreja priorize um dom específico, guardam a calorosa acolhida, o conforto espiritual e a prometida solução dos males.

Além destas características, são também traços comuns às confissões pentecostais falar em línguas (glossolalia), curar, exorcizar e profetizar. Professam uma espécie de religiosidade mais entusiasmada, com uma quase independência de um discurso mais racional e/ou mais elaborado. Nesse toar, segue conceituando o pesquisador Paul Freston (1994, p. 53), acerca da inversão na hierarquia social promovida por estas confissões, para as quais "você pode não saber ler ou escrever, pode ser alguém que não ousaria fazer um discurso racional em público, mas, sob influência do Espírito, você fala", numa evidente utilização do despreparo como ativo.

Outra característica marcante é a sintonia das igrejas neopentecostais com as mídias, que parece ser decorrência de suas pregações pouco litúrgicas e muito próximas da cultura do espetáculo. Mídia e religião buscam dar sentido à vida, sendo, portanto, terrenos férteis para a formação de significados. Por isto também é que se pode dizer que as igrejas neopentecostais têm o mencionado poder de inverter as hierarquias sociais. Ademais, por serem mais próximas da cultura do espetáculo e menos litúrgicas, são aquelas as que se dão melhor com as mídias.

Sua base é um episódio bíblico avistável no Ato dos Apóstolos 2, no qual consta que o Espírito Santo teria se revelado entre os cristãos no quinquagésimo dia depois da Páscoa (dia de Pentecostes) por meio de línguas de fogo, daí porque a presença concreta de Deus no mundo e sua eficiente comunicação com os homens é exaltada por meio daquele Espírito e seus dons, em número de nove, com destaque para os de curar e o de falar em línguas. Além disto, o exorcismo é outro traço marcante e comum destas religiões.

Neste processo de exorcismo, o uso da palavra tem lugar de destaque, especialmente em dois momentos. O primeiro é aquele no qual o pastor ordena que os demônios se manifestem no corpo dos fiéis; e o segundo é quando, efetivamente, tais demônios são expulsos do corpo do endemoniado. É neste instante que a ensandecida plateia presente no ato grita enlouquecidamente palavras de ordem como: "Sai! Sai! Queima! Queima!". Aliás, é interessante a dicção de Vagner Gonçalves da Silva (2015, p. 152), acerca do uso do verbo queimar. Para ele, referido verbo remeteria a um duplo simbolismo, que seria o da "língua de fogo" do Espírito Santo, bem como o do suposto poder que palavras ditas fervorosamente teriam de destruir o demônio.

Ainda sobre o exorcismo, também utilizado pelo catolicismo medieval, é importante destacar que a Reforma Protestante significou, à época, uma quebra de pontes com este caráter mágico, o que seria, para muitos, o desabrochar da secularização ocidental; entretanto, surpreendentemente, no Novo Mundo, tal feição magicizante ressurge com o neopentecostalismo, a cultuar os mencionados nove dons do Espírito Santo, modo especial os dons de línguas (a glossolalia)[35], a cura, o discernimento de espíritos – num ressurgimento de um passado bíblico que continha expulsão de demônios – cura de enfermos, realização de milagres, isto só para citar os principais.

As pentecostais descaracterizam fatos fundadores cristãos, substituindo-os pela centralidade da passagem bíblica do Pente-

---

35 Sobre glossolalia, segue pontuação de Ricardo Mariano (2015, p. 153): "A glossolalia, embora tenha sido um dom fundante e importante do pentecostalismo clássico, na segunda e terceira fases desse movimento perdeu espaço para outros dons, como o da cura, e para ênfase em outros aspectos teológicos, como a libertação dos demônios e a prosperidade".

costes[36]. Seus adeptos defendem a retomada de crenças e práticas do cristianismo primitivo, além da cura de doentes, expulsão de demônios, guerra contra o Diabo e seus representantes terrenos (posto que Deus concedeu-lhes poderes para promover as libertações) e concessão divina de bênçãos e realização de milagres. Ao contrário do catolicismo, implantado de cima para baixo, com apoio do Estado, tais religiões surgiram de baixo para cima[37], como parte da abertura do país para o pluralismo religioso.

Já as chamadas igrejas neopentecostais como a IURD, a Renascer em Cristo, a Bola de Neve *Church*, Igreja Internacional da Graça de Deus, Igreja Renascer em Cristo, Comunidade Evangélica Sara Nossa Terra, Mundial do Poder de Deus, dentre outras tantas, tem forte apelo emocional, em alguns casos com tons de espetáculo conforme assertoado, identificando-se com a cultura do cinema e do rádio, daí inclusive a explicação do porquê seus líderes buscarem a galope os meios de comunicação de massa. Seu crescimento popular e fortemente comunitário pode ser explicado em suas Teologias (da Prosperidade e do Domínio), no abandono da ética e dos tradicionais usos e costumes puritanos de santidade. Seus líderes prometem soluções para os problemas do homem comum, para que ele se torne próspero, saudável, feliz e vitorioso ("Pare de sofrer! Na Igreja Universal um milagre espera por você!"), fornecendo fundamentos para sortilégios de toda ordem praticados nos cultos.

---

36 Pentecostes, segundo a doutrina cristã, é descrita como parte da liturgia das datas especiais e ritos cristãos. O Pentecostes ocorre 50 dias após a Páscoa e é a festa comemorada pelos cristãos pela descida do Espírito Santo sobre os apóstolos. Segundo a passagem bíblica, essa comemoração relembra que o Espírito Santo se manifestou aos apóstolos por meio de línguas de fogo e vento, fazendo com que eles pudessem falar em outros idiomas para serem entendidos pela multidão heterogênea que os ouvia.

37 As igrejas neopentecostais incorporam elementos de diversas religiões, como a utilização dos termos profeta, templo, e mesmo o uso do quipá por alguns de seus bispos.

O público alvo das igrejas neopentecostais são as pessoas desejosas por ascensão social, carentes de escolaridade, além, é claro, daquelas que enfrentam dificuldades de ordem econômica e problemas de ordem sentimental, já que "o excluído recria, por meio do religioso – e não só no sentido simbólico alienante sua humanidade perdida!" (VALLE, 1998, p. 177). Sua obra social é notória, desde o trabalho de evangelização que há anos desenvolvem nos presídios, passando pelo resgate de viciados e pelo incentivo ao empreendedorismo de seus fiéis.

Algumas igrejas neopentescostais ainda guardam certo conservadorismo comportamental[38], um sistema de proibições, de auto vigilância contínua, de negação dos prazeres (cujas esferas da sexualidade[39] e do lazer são as mais perigosas) com forte resistência moral ante o Diabo, que tem predileção por tentar.

Para Ricardo Mariano (1999, p. 124–125), o neopentecostalismo, em termos teológicos, se caracteriza por:

---

38 Ricardo Mariano (1999, p. 210) traça com perfeição o estereótipo que sempre distinguiu os crentes, o qual seria: "Bíblia sobre o braço, terno e gravata para os homens, vestido longo para as mulheres, como forma de reverenciar a Deus, a Ele sempre se dirigindo com aparência que acreditam seja do seu agrado. Os neopentecostais, por sua vez, mudam esse figurino: [...] vestem-se como todo mundo. Usam brincos, pulseiras, colares, cosméticos. Decidem o corte, o penteado e o comprimento de seu cabelo. Ouvem rádio, assistem à TV, vão a festas, frequentam praias, piscinas, praticam esportes, torcem por times de futebol. Quanto à proibição ao tabaco, às drogas, ao sexo não marital, aos jogos de azar, nenhuma alteração ocorreu com o surgimento das neopentecostais. Quanto ao álcool, a orientação muda um pouco. [...] Todas condenam a embriaguez. Mesmo as neopentecostais, embora mais liberais, estabelecem orientações tipicamente puritanas, moralistas contra o homossexualismo, a pornografia, as drogas, a assistência a programas de TV que exploram a violência e sexualidade, a frequência a bares e danceterias, participação no carnaval".

39 Sexualidade esta que é restrita aos limites da vida conjugal, ainda assim com fins procriatórios, postura contrária à adotada pelos pastores da Universal, que valorizam o prazer sexual no matrimônio como algo bíblico e positivo ao casal, limitado, todavia, aos heterossexuais e com fortes noções de planejamento familiar.

> 1) enfatizar a guerra espiritual contra o Diabo e seus representantes na terra, identificados principalmente com os cultos afro-brasileiros; 2) pregar e difundir a Teologia da Prosperidade, defensora do polêmico adágio franciscano "é dando que se recebe" e de crenças de que o cristão está destinado a ser próspero, saudável, feliz e vitorioso em todos os empreendimentos terrenos; 3) refutar biblicamente os tradicionais e estereotipados usos e costumes de santidade, que até há pouco figuravam como símbolos de conversão e pertencimento ao pentecostalismo.

Os neopentecostais sustentam que institucionalmente detém a exclusividade dos meios de salvação (os quais põem no mercado eis que transformam as igrejas em empresas e assim dessacralizam o sagrado), garantem realizar experiências místicas e de catarse para as massas e milagres mediatizados, e sempre se utilizam de testemunhos públicos. Seus rituais são emocionais, conforme dito, especialmente os de cura, com associação a uma representação demoníaca dos males. Sua religiosidade é pouco racional, senão ao contrário, é bastante sentimental e intuitiva, pouco tétrica, muito feliz e expansiva, com provisão diária, metódica e sistemática de razoável quantitativo de serviços mágico-religiosos, com fortes similitudes com o velho catolicismo, apesar de este pregar o apocalíptico fim do mundo seguido da bem aventurada vida dos eleitos no paraíso celestial. Neste platô de ideias, sustenta-se em rituais e promessas para prosperidade, cura, libertação de demônios, apresentam soluções terapêuticas para problemas de ordem financeira, afetiva, dentre outros; seus templos funcionam como verdadeiros "prontos socorros espirituais". Exigem pouco de seus fiéis sob o ponto de vista comportamental comparadas às evangélicas tradicionais, à exceção do compromisso financeiro com os dízimos e ofertas.

Soa paradoxal e ambíguo, quiçá descontextualizado, que, em pleno século XXI, verifique-se o crescimento de uma religião de massas densamente mágica ao melhor estilo Idade Média, verdadeiro cadáver insepulto. Uma religião sacral, supersticiosa, triunfalista (direito divino de governar), de "barganhas cósmicas, tendo a igreja como intermediária e caixa registradora das transações" que darão frutos ainda nesta terra (MARIANO, 1999, p. 78). Causa espanto também que tal desenvolvimento ocorra mais intensamente em regiões metropolitanas e nos médios centros urbanos industrializados, mais conectados, ao menos em tese, às verdades científicas[40] e mais tendentes ao individualismo que distingue as sociedades modernas.

O fenômeno não é simples de ser explicado, eis que, tanto pobres semianalfabetos quanto segmentos da classe média mais escolarizada têm aderido às igrejas neopentecostais. Isto posto, não são os indicadores de renda e o nível de escolaridade bons parâmetros nesta análise. O próprio Nordeste brasileiro, lembra Ricardo Mariano (2016, p. 122), que deveria, em tese, ter uma grande proporção de crentes, não o tem, contrariamente à lógica que apontaria o fato de ter baixos indicadores sociais e ter sido uma das primeiras a ter contato com o pentecostalismo como explicações.

Às igrejas neopentecostais é ainda atribuída a inversão da ética protestante de Weber, que justifica a acumulação de capital, eis que legitimam a riqueza como uma bênção divina. O que buscam, no fim das contas, é a felicidade, a boa fortuna que, com seus óculos religiosos enxergam em termos de bem estar pessoal, progresso material e até consumo de bens de alto valor. Óculos para míopes, de visão monocular quase sempre, diga-se de passagem (MARIANO, 1999, p. 125).

---

40 Às verdades científicas, advindas da pesquisa e produção, é tentada uma equiparação às verdades sustentadas por alguns religiosos, o que é, a todas as luzes, para além de absurdo e inconcebível.

Abuso do Poder Religioso nas Eleições

Com relação aos chamados "pastores eletrônicos", data dos anos 1980 o aparecimento dos primeiros nos Estados Unidos, com o estímulo do governo daquele país, segundo alguns pesquisadores, como forma de frear o socialismo que vicejava na América do Sul, sabido da forte inclinação à direita das igrejas neopentecostais.

As soluções mágicas que apresentam para os problemas sociais são divulgadas através do seu império de comunicação, que incluem, dentro de sua grade de programação variada, de maneira velada ou não, sua doutrinação, ou conscientização de fiéis. Exemplo disto são os chamados *realities of suffering*[41] exibidos nas madrugadas em rede nacional e comandados por bispos e pastores.

Os programas de rádio e TV, bom que se digna, são a forma pela qual o parlamentar evangélico tem fácil e direto acesso às demandas de sua potencial clientela. O programa seria uma espécie de consultório sentimental ou psicológico para pessoas que nunca estiveram em um templo. Seria a oportunidade para atiçar o interesse do ouvinte ou assistente com vistas a que visite uma igreja e prossiga como adepto, uma verdadeira rede de captação de novos crentes, que mais tarde formarão vínculos com a igreja.

É a evidente interação política–religião–mídia–assistencialismo, decorrência do interesse econômico empresarial dessas confissões que as tem tornado verdadeiras *holdings*. Ajudar os

---

41   Conforme Geórgia Gomes (2010, p. 178) "a expressão se refere aos tipos de programas evangélicos das emissoras iurdianas. A grade da Rede Record de Televisão na madrugada apresenta programas que relatam como adeptos da Universal venceram sofrimentos de ordem material e conquistaram 'bênçãos' de riqueza e prosperidade; mostram também atendimentos ao vivo a pessoas com dificuldades de ordem financeira, familiar ou de outra natureza de carências sociais (como vícios em drogas e bebidas) e que recebem aconselhamento de pastores". Na mesma linha, Alexandre Fonseca (2002, p. 272) aduz que: "o perfil dos assistentes desses programas é de ex-participantes de religiões afro-brasileiras, confirmando as impressões de outros autores de que essa audiência destaca um aspecto de 'afinidade efetiva relacionada ao contato cultural' ou 'passagens' entre os adeptos oriundos do candomblé ou umbanda".

menos favorecidos, seja ouvindo seus desabafos e lhes ofertando um fácil e direto contato com o sagrado, como forma de solução para seus problemas cotidianos, ou atuando em "causas sociais", é o *modus operandi* desses pastores, o qual, aliás, não é de hoje que é utilizado, eis que desde a década de 1990 seu projeto assistencial já vicejava em presídios, creches e hospitais, assim como na alfabetização de adultos dentro de seus templos, situação que ocorre comumente no nordeste brasileiro[42].

A partir da compreensão das Teologias da Prosperidade e do Domínio, o ingresso dos pastores neopentecostais na esfera política se faz sublimado. Para Paul Freston (2006, p. 11–12) a Igreja, como instituição, entra na política (de forma desastrosa, diga-se de passagem, para ele, enquanto evangélico convicto) pelas seguintes vias: a) institucional, através da qual defende suas propostas (boas ou ruins); b) por intermédio de um de seus membros, que adquire musculatura política e apela para que votem nele; c) a partir de um modelo que chama de comunitário, que não é nem corporativo nem individual, atuando em nome de "um grupo de pessoas que pensam politicamente de uma forma, inspiradas pela sua compreensão da fé cristã".

Diferentemente da teologia protestante clássica, que ensina que as inevitáveis relações de poder devem ser sempre encaradas com cuidado, o meio evangélico, como um todo, é tendencioso, privilegiando a situação social em que se encontra. Quando lhes interessa, destacam o perigo do poder, advertindo seus seguidores: "crente não

---

42 A teologia da libertação parte da premissa de que o Evangelho exige a opção preferencial pelos pobres, no entanto, ao que parece, os pobres têm optado pelo neopentecostalismo, sendo que, muitos de seus pastores, tem optado por se tornarem empresários. Junto com a Renovação Carismática são as correntes inseridas no seio da igreja católica, enquanto instituição, que mais protagonizam discussões na relação religião, vista como fé, e política, a chamada "instrumentalização política da fé".

se mete em política", todavia, quando o poder lhes é ofertado, são seduzidos pela possibilidade de exercê-lo em nome do "povo de Deus". Não há, conforme Ricardo Mariano (1999, p. 137), equilíbrio entre os lados desta equação. Emblematicamente afirma:

> Se alguém me pergunta se confio em algum político evangélico, respondo que não. E o chocante não é a minha resposta, mas o fato de que muitos evangélicos acham quase uma heresia dizer isso. Mas, biblicamente, não devemos confiar nos príncipes, mesmo que sejam evangélicos e tenhamos ajudado a colocá-los no poder! É por termos uma doutrina superficial do pecado que nos damos mal politicamente e criamos ídolos evangélicos que depois nos desapontam. (MARIANO, 1999, p. 137)

De fato, os protestantes históricos eram menos proativos no espaço da política. Para eles, esta seria um campo demasiadamente profano para o trânsito de um teísta, inconcebível, por maiores razões, para uma instituição religiosa. Já nas igrejas neopentecostais, que possuem uma trajetória diferente de inserção na vida político partidária, e cujos padrões morais são um pouco mais dilatados, se observam tendências mais clientelistas, não enxergando problemas em penhorar o voto de seus fiéis. Talvez a explicação seja pela origem europeia e norte americana das primeiras, marcadas historicamente pela separação entre a religião e a política, sistema ético/doutrinário herdado da Reforma que mantém a recomendável distância entre estes dois mundos da vida (CARREIRO, 2017).

Abertas para o mundo, passaram as igrejas neopentecostais a desabrochar em suas participações político-partidárias, sendo o citado provérbio "crente não se mete em política" substituído pelo "irmão vota em irmão", dotado de um fisiologismo explícito, sendo a IURD a que mais o assimilou e mais exitosamente o trans-

Peterson Almeida Barbosa

mitiu, transmissão esta que a tem levado às barras da Justiça por conta do chamado "abuso do poder religioso", tema desta obra.

2.2 A Igreja Universal do Reino De Deus

A IURD destaca-se dentre as igrejas neopentecostais, sendo, de longe, a mais conhecida, não apenas no meio religioso, senão também no meio social. Seja pelo número de templos que possui, aí incluídas suas vistosas catedrais, seja por seu número de membros ou por seu poderio econômico, empresarial, midiático e político. Àquela serão dedicados os próximos tópicos, até porque, compreendê-la, à luz dos rigores de uma pesquisa científica, permite a compreensão do modo de funcionamento das demais, facilitando, como já foi dito, a explicação da razão pela qual, quase que exclusivamente, figuram aquelas confissões nos polos passivos das ações judiciais eleitorais que questionam suas práticas religiosas.

A IURD, enquanto instituição, é indissociável da figura de seu fundador e líder supremo, o Bispo Edir Macedo[43]. Com forte visão religiosa, administrativa, empreendedora e política, além de seu incontestável carisma pessoal, soube, como nenhum outro, enfocar o evangelismo à racionalidade do capitalismo neoliberal e global. Inspirou-se nas ideias do missionário canadense Mac Alis-

---

43 Conforme Odêmio Ferrari (2007, p. 208–213), "o Bispo Macedo realiza com sagacidade o entrelaçamento entre o poder religioso e o político, buscando interferência e espaço na organização civil da sociedade, sua estratégia conjuga a formação de um capital simbólico (religioso) e a sua correspondência em rápido retorno de capital material (dinheiro). Percebeu que havia enormes contingentes desesperançados e que as religiões tradicionais não estavam lhes transmitindo sentido à vida. Estruturou, em duas décadas, uma *holding* empresarial em nome de uma instituição religiosa, o que nos dá a configuração de ser uma estrutura eclesial híbrida, com isto colhendo vultosos resultados financeiros a partir da estreita vinculação do culto com o dinheiro, inspirado na Teologia da Prosperidade americana, numa aposta de fé e dinheiro com o ente divino".

ter[44], o grande percursor da Prosperidade, de quem foi discípulo, para, adotando novas linhas de compreensão dentro de sua visão particular, criar uma igreja autóctone, que a partir do periférico bairro carioca da Abolição surpreendeu até mesmo os históricos meios evangélicos, com um crescimento vertiginoso e nunca antes alcançado por nenhuma outra, dentro de um curtíssimo espaço de tempo, atingindo o expressivo número de dez mil templos (a cada dois dias, em média, um é inaugurado), alguns dos quais grandiosas catedrais, com arquitetura pós-moderna de ostentosos centros comerciais, espalhados por 127 países ("ir e fazer discípulos de todas as nações" – Mateus 28:19), sendo reflexo da literal universalização de sua igreja bem como de seu prestígio político. Aliás, a concessão, pelo atual governo brasileiro, de passaporte diplomático para o Bispo Macedo e esposa são provas incontestes desta afirmação (SACONI; GULLINO, 2019, *on-line*).

Eles são instalados nas periferias, geralmente em locais de destaque, evitando favelas, no entanto. Têm contabilizados algo em torno de 3 milhões de fiéis. Somente no período compreendido entre 1980 e 1989, o número de templos da IURD cresceu 2600%. Desde então, tem inaugurado nas capitais catedrais modernas e luxuosas, que visam romper o estereótipo arquitetônico de supermercado que as simbolizou no início.

---

44 Segundo Odêmio Ferrari (2007, p. 151), "Mac Alister compreendia o dinheiro como digno de valor espiritual e não apenas um instrumento profano, gerador de males. Mas divergia do seu caso cultural, tornado poder barganhador de milagres, negócios de bênçãos, compra de múltiplos atendimentos do sagrado. Como pregador, insistia no valor dos dízimos e das ofertas, mas contrariava a monetarização das relações com Deus. Tendo divergências com os exageros provocados por tele evangelistas norte-americanos em relação ao dinheiro e à pregação religiosa, Mac Alister introduziu no Brasil as ideias da prosperidade com reservas, conforme expressou em suas obras: "Como Prosperar" e "Dinheiro: Um Assunto Altamente Espiritual". Por outro lado, a Teologia da Prosperidade, com seu cunho altamente financista tomou estrutura e disseminação no Brasil, via bispo Macedo e seu neopentecostalismo iurdiano, inspirando-se nos métodos dos tele evangelistas. Isso mostra que o discípulo Macedo ultrapassou, e muito, o seu mestre!".

Sob o ponto de vista econômico, pregam que somente a liberdade de mercado é capaz de promover a ascensão social e a mobilidade econômica. Seu projeto é ambicioso, passa inclusive pela preparação de gerações futuras para o exercício do poder político; a educação dos filhos visa a acumulação de riquezas, os pais devem capacitá-los para o aumento do capital familiar, e para o exercício do poder político. Há um incentivo aos fiéis para se tornarem patrões, sabido que abrir o próprio negócio é o grande sonho daqueles que vendem sua força de trabalho no mercado, porém, deixando os pastores a todo instante muito claro, em suas pregações persuasivas e eficazes, que somente prosperam os fiéis ao dízimo, sendo os demais dignos de graças pontuais, dada sua inconsistência nas ofertas[45].

Os iurdianos, assim como de resto todos os neopentecostais, não tem estereótipo definido a distingui-los, são estimulados a gozar de prazeres materiais como roupas modernas, produtos de beleza, frequentam sem restrições praias, vão a *shoppings*, estádios, torcem por times do coração, ouvem diferentes estilos musicais, há uma enorme liberalização (a IURD é considerada a mais liberal das igrejas neopentecostais)[46], um grande interesse pelo aqui e agora, um evidente propósito de ascensão social, por

---

45 A Bíblia tem mais de 640 vezes escrita a palavra oferta. Oferta é uma expressão de fé. "Se Deus não honrar o que falou há três ou quatro mil anos atrás, eu é que vou ficar mal" (MACEDO apud MARIANO, 1999 p. 165). Sempre lembrando que as ofertas tem que ser radicais (separar apenas "o da condução" como se ouve nos templos), dar pouco quando se tem muito é desprezar a Deus, que tem sentimentos e não aceita "restos", não sendo o mesquinho digno de bênçãos. Há uma passagem bíblica tida como exemplo a ser seguido que é o caso da viúva pobre, que ofertou duas moedas, tudo o que possuía para seu sustento (BÍBLIA, Lucas 21 1:4). Os mais irônicos e maldosos costumam dizer que "templo é dinheiro".

46 Outras confissões (à exceção da "Deus é Amor", que manteve a rigidez ascética), paulatinamente vêm também liberalizando, no entanto, em todas as vertentes, persiste a interdição ao consumo de álcool, tabaco e drogas e ao sexo extraconjugal e homossexual.

isto sua forte penetração na classe média baixa, já que reconhecidamente sedenta da mencionada ascensão e ávida por consumo.

Seus cultos se assemelham a espetáculos, seus templos muito mais se assemelham a teatros ou cinemas do que aos modelos arquitetônicos dos templos católicos e protestantes, seu altar está para um palco e seus pastores trazem consigo dotes de atores. Em sua mensagem, os quatro elementos básicos da natureza são apresentados de forma corriqueira:

> O fogo – fogueira santa de Israel; a água – consagrada no copo que acompanha o indivíduo diante do programa de rádio ou televisão; o ar – o Espírito Santo como força na mensagem e na ritualística libertadora da igreja; a terra – nas permanentes campanhas e peregrinações a Jerusalém, onde os pastores/bispos levam os pedidos e pisam na "Terra Santa" em nome dos oferentes. (FERRARI, 2007, p. 174)

Ainda, segundo Mariano (1999, p. 65), é buscando capacitar seus crentes para enfrentar a pobreza, as agruras do desemprego ou dos empregos de baixa qualificação, que atuam as igrejas neopentecostais, sendo a razão pela qual seus cultos baseiam-se na oferta especializada de serviços mágico religiosos, de cunho terapêutico e taumatúrgico. As promessas de concessão divina de sucesso material, cura física e emocional e de resolução de problemas familiares[47], afetivos, amorosos e de sociabilidade também fazem parte do enredo.

As confissões, sabe-se, têm a pretensão de modular aquilo que definem como uma sociedade perfeita, necessitando, portanto, de poder para garantir a liberdade e a efetividade de sua atuação, para tornar eficaz a sua vontade, cumprir sua finalidade ins-

---

47 Este tema, dos conflitos familiares, sempre foi colocado em pauta pela Renovação Carismática, da Igreja Católica, na tentativa de amenizá-lo.

titucional, fazendo valer as suas crenças. Há, contudo, críticas, as quais não podem ser desprezadas, que entendem que este ponto de vista que se vem criando do fenômeno religioso é preconceituoso, na medida em que é taxado de manipulador ou abusivo de autoridade, não sendo estendido a outras formas de associação, como, por exemplo, às organizações que congregam ruralistas, ambientalistas, militares ou a comunidade LGBT, por exemplo.

Nesta toada, compreende Maria Cláudia Buchianeri Pinheiro (2013, p. 495–496) que as igrejas, enquanto grupos de interesse, são detentoras de ampla liberdade no apoiamento a candidaturas alinhadas com suas ideias, não havendo, por conseguinte, empecilhos a que orientem seus fiéis neste sentido, com vistas ao êxito daquelas. Realmente, o ordenamento jurídico não traz norma que impeça as igrejas, entidades de direito civil, a defenderem explicitamente seus posicionamentos, sua forma de enxergar o mundo. No entanto, adverte a citada advogada que, situação dispare é utilizarem-se da ascendência espiritual que possuem para persuadirem escolhas por político "a" ao invés do político "b", como se isto fosse mais uma obrigação religiosa. E finaliza afirmado que "a questão torna-se mais delicada e limítrofe naquelas situações em que líderes espirituais transformam seus altares em palanques e fazem uso de sua ascendência espiritual para intimidar os fiéis, retirando-lhes a liberdade de escolha" (PINHEIRO, 2013, p. 495–496).

De fato, a legislação eleitoral não faz tal restrição, assim como não se prende nem se limita a qualificar o motivo deflagrador do abuso, se de cunho religioso, político ou ideológico – em que pese devesse fazê-lo tratando-se de religião – sendo seu mister apenas e tão somente verificar o excesso de poder exercido, se foi capaz de influenciar a legitimidade das eleições, e ponto final[48].

---

48 Na mesma linha da citada autora, Santos (2016, p. 95) aduz que "sendo assim, não se considera coação eleitoral quando o líder de uma dada entidade associativa de defesa

O poder é, sem dúvida, polimorfo, a nível quantitativo e qualitativo, existindo, além dos legislados poderes econômico, político e midiático outros, podendo todos serem chamados de poderes sociais. É vã, portanto a tentativa de classificá-los de forma totalmente abrangente e definitiva.

A pretensão dos arts. 9º e 14 da CF c/c art. 22 da Lei Complementar n.º 64/90 de serem taxativos, delimitando as formas de poderes legisladas como as únicas a sofrerem as sanções que contêm quando exercidos de forma exacerbada, é equivocada e, pior ainda, propícia ao tolhimento ou à inibição de decisões judiciais que ousem declarar e/ou constituir formas atípicas de abuso de poder.

---

dos gays e lésbicas, por exemplo, busque inculcar em seus membros a necessidade de se votar em um candidato específico que defenda sua linha de pensamento. O mesmo vale para outros grupos da sociedade, como ambientalistas, ruralistas, entidades sindicais etc. Nesses casos, anda que possa haver excesso e até mesmo coação psicológica para direcionar os votos dos eleitores, dificilmente será levantada a hipótese de 'abuso de poder homossexual', 'abuso de poder ambientalista', 'abuso de poder ruralista' ou 'abuso de poder sindical'. Como se nota, são utilizados dois pesos e duas medidas. Tal postura dúplice tem início numa visão distorcida do fenômeno religioso, como sendo algo eminentemente acrítico e anti-intelectual e desprovido de profundidade epistemológica. Enquanto isso, os fiéis não passariam de meros autômatos, sem discernimento próprio, subservientes e incapazes de reagir diante de qualquer tentativa de abuso. Trata-se, pois, de uma visão caricatural e desprovida de embasamento, fruto da secularização mental que vê o mundo de forma dicotômica dividido em dois pavimentos, como diria Francis Schaefer. No pavimento de cima estaria a fé, o não racional, e o não lógico; no pavimento de baixo, a razão, o racional e o lógico. No pavimento de cima as pessoas são induzidas pela emoção, fé e sentimento. No pavimento de baixo pela reflexão crítica e pela racionalidade. Logo, ao que parece, em matéria eleitoral só haveria falar em abuso no pavimento de cima, pois no pavimento de baixo são todos entendidos e inteligentes o suficiente para rejeitar o discurso eleitoreiro, por mais coativo que seja". O equívoco, contudo, é pensar que a legislação eleitoral deve ter a preocupação de qualificar o motivo fomentador do abuso, quando apenas e tão somente cumpre-lhe constatar se o excesso de poder é capaz de influenciar o processo eleitoral e de que forma; seu único propósito é coibir o exagero vislumbrado em condutas que colocam em risco a lisura dos pleitos, vetor constitucional que não pode ser relegado (arts. 5º, VI e VIII c/c 14 c/ 19, I da CF). Num exemplo, um líder sindical que no exercício desta função privada seja capaz de desequilibrar a disputa em seu benefício necessita se afastar (art. 1º, "g" da LC n.º 64/90), e nem por isto haveria de se falar em "abuso de poder sindical".

Voltando novamente os olhos para a IURD, outro ponto em que se destaca é a abertura diária de seus templos para a realização de três a quatro cultos públicos, forçando seus pastores a trabalharem praticamente em tempo integral, com dedicação exclusiva. Além disto, não se pode desconsiderar o trabalho cotidiano de milhares de obreiros voluntários, o que, somado, lhe leva ao topo no que se refere à congregação de fiéis bem como à arrecadação de recursos[49], apesar da baixíssima renda de seus frequentadores, sendo justamente dentre aqueles os que doam acima da décima parte de suas rendas, até porque, são ensinados pelos pastores a precificar os dízimos que doam não com base na renda que possuem, senão tendo como parâmetro aquela que desejam obter.

A eficiência arrecadadora é, destarte, tributada à agressividade, insistência e incomparável habilidade persuasiva de seus líderes, os quais, em algumas situações, se valem de uma espécie de trololó para intuir nos teístas que aquele que não paga rouba a Deus, sendo inapto para alcançar bênçãos. Sacrifícios, desafios e riscos financeiros são cálculos utilitários validos como parâmetros para se medir o tamanho da fé, para tornar o crente sócio de Deus, mesmo porque, quanto maiores, maiores serão os retornos destes investimentos transmudados na retribuição divina, dentro desta lógica binária na qual acreditam e fazem crer. Neste aspecto, a crença pentecostal na rejeição puritana à busca da riqueza, dos prazeres mundanos e do livre gozo do dinheiro é relegada a segundo plano por ir na contramão do pensamento.

Sua vastíssima estrutura patrimonial inclui ainda um império nos meios de comunicação, já que, ciente da forte concorrên-

---

49 Esses métodos heterodoxos de arrecadação são passíveis de questionamentos à luz do Código de Defesa do Consumidor. Estas organizações religiosas atuando empresarialmente, desenvolvendo atividades com fins lucrativos, embora reguladas como beneficiárias de imunidade tributária.

Abuso do Poder Religioso nas Eleições

cia no mercado religioso brasileiro, adquiriu uma rede de TV[50], mais de 40 rádios – estima-se que 25% das emissoras de rádio que operam no Brasil sejam evangélicas – além de jornais, gráfica e editora, parecendo ter, de fato, descoberto que o sagrado pode ser marketizado e as soluções momentâneas e instantâneas fascinam, segundo a lógica de mercado. Entre abrir mais um templo ou adquirir mais uma rádio, não há dúvidas, optarão pela segunda, já que sua meta é: onde existir um templo, ter um programa de rádio na emissora local e outro em cadeia, sendo o público feminino (que mais tempo passa ouvindo rádio) seu alvo. Além disto, em novembro de 1991 foi adquirido, por três milhões de dólares, o antigo banco Dime, que se tornou o Banco de Crédito Metropolitano, numa inequívoca amostra do processo de mercantilização da igreja, que inclusive já a levou a responder a acusações de se utilizar do manto religioso para auferir privilégios fiscais[51].

---

50 A compra da Rede Record em 1989 ainda é hoje é permeada de polêmicas e incertezas. O mercado viu com reservas como uma igreja da periferia carioca com apenas 12 anos de existência realizou a compra por U$ 45 milhões, assumindo um passivo de U$ 300 milhões. Instada a justificar-se, a igreja alegou ter feito campanhas de doação. A esta altura já envolvida na política, com pastores exercendo mandatos, foi fácil à IURD conseguir amortizações de multas, empréstimos etc., driblando ainda a fiscalização sobre as origens do dinheiro utilizado na transação. A genialidade do Bispo Macedo foi optar por comprar uma rede de TV ainda que neste calamitoso estado financeiro a ter que enfrentar uma batalha por uma nova concessão para depois se estruturar. Como toda emissora, seu objetivo é o lucro, e tem obtido, tanto que hoje é apenas desbancada pela poderosa Rede Globo de Televisão. Não há rigorismo religioso em sua programação, que inclui publicidade de bebidas alcoólicas, músicas profanas, *realtiy shows* com pegada erótica, restando as madrugadas para a programação religiosa, horário em que, sabidamente, o faturamento econômico despenca.

51 Em 24 de maio de 1992 o Bispo Edir Macedo foi preso, sendo indiciado pelo art. 15 da Lei n.º 7.492/86, a chamada Lei do Colarinho Branco, a partir de denúncias feitas por fiéis que teriam doados bens e dinheiro à IURD em troca de milagres que não ocorreram. Noutra situação vexatória, narrada por Ricardo Mariano (1999, p. 88), Macedo e outros pastores foram autuados pela Receita Federal por crime de sonegação fiscal praticado em 1990, quando, para comprar a Rede Record, obtiveram "empréstimo" cuja proveniência, na verdade, era de ofertas doadas pelos fiéis. Além de autuá-la a pagar cinco milhões de reais ao fisco, a Receita

Na programação diária de suas citadas emissoras de rádio e de TV, as pessoas, com problemas de toda ordem, são convidadas a comparecerem aos templos com a chamada "Um Milagre Espera por Você". Tem preferência pelo uso nos templos de *banners* dos locais santos, maquetes de Jerusalém, num resgate constante às origens do cristianismo. Suas inserções também são verificadas nos mercados imobiliário e financeiro, isto em menos de cinco décadas de sua fundação, atuando como uma moderna empresa, perfeitamente encaixada dentro do sistema capitalista, numa associação perfeita entre a visão teológica e a econômica, isto tudo afora suas incursões em busca do poder civil, através da ocupação de cargos públicos, além de sua inserção no jogo eleitoral da política partidária[52], nem sempre boa, o que tem provocado indagações juntos às Cortes Eleitorais, consoante tópico abaixo.

A IURD criou uma espécie de neopentecostalismo à brasileira, daí porque a ênfase que lhe é dada nesta obra, mas não somente a ela, senão todas as demais igrejas neopentecostais, cuja autenticidade reside nesta espécie de protestantismo popular, que tem grassado em seu processo da transnacionalização a partir

---

mostrou-se disposta a cobrar imposto de renda dos recursos arrecadados pela igreja nos últimos cinco anos. Para isso, amparava-se na Constituição brasileira, que concede imunidade tributária às igrejas por exercerem atividades sem fins lucrativos, tais como assistência religiosa e social. No caso da Universal, a Receita avaliou que devia cobrar imposto de renda, uma vez que boa parte do dinheiro por ela arrecadado era desviada de suas finalidades essenciais, sem pagar impostos, para remunerar seus dirigentes, comprar emissoras de rádio e TV, empresas, casas, apartamentos, carros. Convenha-se que, se essa lei fosse rigorosamente aplicada, algo que nunca ocorreu, raríssimas empresas ficariam sem dever ao fisco. (MARIANO, 1999, p. 90)

52   Consoante Mariano (1999, p. 34), "[...] participa ativamente da política partidária, tem importante função terapêutica baseada na cura divina, prosperidade e rituais de exorcismo, os quais dão 'nome aos bois' e culminam na 'guerra santa'. Contém 'doses maciças de misticismo', incluindo o uso de objetos como mediação do sagrado. Nos cultos, concede liberdade às 'expressões emotivas', propiciando catarse individual e coletiva".

da América Latina, no mais extraordinário caso de crescimento pentecostal avistável nos últimos anos. O que impressiona no caso é o curtíssimo lapso de tempo em que foi capaz de superar as raízes teológicas e pastorais das igrejas evangélicas europeias e pentecostais americanas que já existiam há anos no Brasil, criando um evangelismo consistente a ponto de ser exportado para o mundo, sendo hoje o país um verdadeiro emissor de religiões.

Descendentes do protestantismo histórico e do pentecostalismo, que restaram estagnados, simplificaram o profissionalismo de seu clero. A pregação erudita deixa de ser o cerne – caso do pastor protestante, detentor de formação acadêmica, teológica e bíblica. A IURD se caracteriza pela simplicidade, sua liturgia é despojada, a literatura teológica não é mais vista com desconfiança, nos cultos[53] não há um *script* a ser seguido, gozando os pastores de liberdade em suas pregações, liberdade esta que os tem prejudicado, como será visto no próximo capítulo, na medida em que estão sendo acusados de pedir votos aos fiéis do alto de seus púlpitos. O carisma de função é o que importa, sendo relegado o carisma da mensagem.

Os pastores neopentecostais aprendem na prática dos cultos, de forma exógena e autodidata, iniciando como obreiros até ascenderem a pastor auxiliar, pastor e bispo. Como características incontornáveis devem ter domínio do público e foco na prática ritual "assemelhando-se ao exercício técnico dos mágicos, pais de santo, gurus esotéricos e xamãs" (WILLAIME, 2003, p. 121). E, a exemplo desses, o pastoreio iurdiano deve ser capaz de instigar o público na realização de um pacto com a divindade, mediante a oferta financeira antecipada.

---

53 Cultos, aliás, que não se limitam ao espaço físico dos templos, podendo ocorrer em praças públicas, em calçadões, ou sob lonas sobre carrocerias de caminhão.

Mesmo a lógica de Weber, expressa em sua obra "A ética protestante e o espírito do capitalismo", foi desvirtuada quando deixaram de propor a vida ascética, o afastamento do prazer, a economia e a vida modesta, exatamente o contrário do pensamento neopentecostal[54], como a heterodoxa forma de coleta de recursos dá amostras, sendo ainda sabido que muitos daqueles líderes religiosos se aproveitaram desta condição para enriquecer, justificando-se inclusive no Papa, que mora e utiliza um palácio pertencente à sua igreja.

Para Odêmio Ferrari (2007, p. 157), o enfoque empresarial se faz presente nas estruturas eclesiais, a igreja é naturalmente conduzida para os domínios seculares, como mídia, prestação de serviços comerciais e também a política partidária, praticam aquilo que ele chama de uma religião pragmática, de resultados, em que pese nem sempre homogêneos, lineares e cumulativos como seria de desejo o fossem.

A importância que a IURD dá à inserção na cena política partidária está muito bem delineada no livro "Plano de Poder – Deus, os Cristão e a Política" do bispo Edir Macedo juntamente com Carlos Oliveira (2008, p. 25). Na obra, ele cita que, desde a Criação, no livro de Gênesis (1:26), Deus já escancarava Sua intenção estadista e de formação de uma grande nação, constituindo um reino e domínio terreno, e não apenas a morte de Seus filhos. Citações como "inconformismo com certas situações, consenso em um ideal e mobilização geral" são encontradas. Outras, mais explícitas, tratam da potencialidade numérica dos evangélicos como eleitores – e cidadãos mais criteriosos em

---

54 Quando a limitação do consumo é combinada com a liberação das atividades de busca da riqueza, o resultado, inevitável é óbvio: o acúmulo de capital mediante a compulsão ascética para a poupança. As restrições impostas ao gasto de dinheiro serviram naturalmente para aumentá-lo, possibilitando o investimento produtivo do capital (WEBER, 2005, p. 119).

Abuso do Poder Religioso nas Eleições

suas escolhas – para decidir qualquer pleito eletivo, tanto no Legislativo quanto no Executivo, em qualquer escalão, dependendo apenas de conscientização, engajamento e participação determinante (MACEDO; OLIVEIRA, 2008, p. 20).

A leitura do suso mencionado livro deixa evidente a importância da política para o bispo, ao assertoar que qualquer segmento da sociedade deve ter representatividade, a fim de conquistar e fazer prevalecer os seus ideais, enaltecendo aquelas que sugere como as três manifestações do poder: "econômico, ideológico e político", sendo que o último exige que se sabia jogar para que seja conquistado, possibilitando ao povo de Deus governar com justiça social pelo temor que lhes é peculiar, não sendo outro o foco da obra senão analisar a política nos textos sagrados (MACEDO; OLIVEIRA, 2008, p. 72–75). Finalizam, vaticinando que o voto evangélico tem dois interesses: o deles próprios e o de Deus, de que Seu projeto de nação se conclua: "o Brasil tem 40 milhões de evangélicos, terminamos chamando a atenção deles para que não deixem que essa potencialidade seja desperdiçada" (MACEDO; OLIVEIRA, 2008, p. 123).

Fato é que, com pouco mais de quatro décadas de fundada, a IURD se tornou uma potência econômica, religiosa e política, em que faz campanha, assume partido, elege bancada e conta com um expressivo número de representantes, em que pese sob acusações (mais fortemente levadas a cabo nos anos 90) de lavar dinheiro proveniente do tráfico ilícito de entorpecentes, charlatanismo, negociações ilícitas, sonegação de impostos. Para alguns, esta seria a razão de suas investidas na política partidária, como forma de garantir a presença de deputados amparados pela imunidade parlamentar em seus cargos de direção.

As acusações se balizam no fato de ser uma organização não muito transparente. Ricardo Mariano (1999, p. 72) aponta interes-

Peterson Almeida Barbosa

sante paradoxo, que seria o êxito da IURD em unir o que há de mais moderno e eficiente na área de propaganda e comunicação (rádios, TVs, jornais) com o que há de mais "arcaico" no plano religioso (práticas mágicas, curas sobrenaturais, transes, exorcismos).

Nas palavras do Bispo Macedo, "na Igreja Universal é proibido proibir. A pessoa é livre para fazer o que bem entende" (VALLE, 2007, p. 109)[55]. Seria a Teologia da Prosperidade mais uma vez, a qual incute que o pobre é o responsável por sua salvação, numa espécie de "negócio" que faz com Deus, que consiste em sacrificar bens e dinheiro[56], privando-se deles e ao mesmo tempo colocando-os em risco, que quanto maior mais grandiosa será a recompensa divina, até mesmo porque as ofertas e dízimos não tem a renda presente como parâmetro senão a renda almejada. Tal teologia é sedutora, ao alimentar sonhos de prosperidade, de um conforto material que supostamente traria a paz e a felicidade (como se não fosse em Deus que devessem procurá-las), sabido do caráter narcisista de nossa sociedade, ainda que vivenciando crises, recessões e pandemias, como a da COVID-19.

Sobre negócios, é adotado o modelo de gestão de cunho empresarial, sendo importante ressaltar que a administração utilizada é a de estilo piramidal, concentrada no poder eclesiástico do Bispo Macedo, que comanda não só os bispos, mas também os

---

55 Segundo Edênio Valle (2007, p. 109), "o Bispo Macedo seria assim o pastor modelar, idolatrado em que pese autoritário, o único capaz de fazer mediação com o sobrenatural. Ele não esconde sua riqueza, seu altíssimo padrão de vida, já que "não precisa ser exemplar no seu desprendimento porque já é exemplar na sua riqueza". Sobre as críticas que lhes são lançadas, levando-o inclusive a ser preso, se autocompara a Cristo, metaforizando seus inimigos com o diabo. Todas as instâncias da igreja estão subordinadas ao seu poder central, sobretudo as hierárquicas, quais sejam, o Conselho Mundial de Bispos, o Conselho de Bispos do Brasil das quatro regiões e o Conselho de Pastores das igrejas locais.

56 Em trecho da obra "Vida com Abundância", o Bispo Macedo (2000, p. 52) refere-se ao dinheiro como "uma ferramenta usada na obra de Deus", valendo-se de uma analogia biológica com o "sangue da Igreja".

inúmeros pastores, altamente profissionalizados e trabalhando em regime de dedicação exclusiva. Já estes, são submetidos a permanentes rodízios por entre os locais de pregação, com o propósito de evitar descontentamentos e a criação de vínculos que lhes permitisse fundar concorrentes, numa estratégia típica das grandes multinacionais. Sua remuneração é modesta, seu regime de trabalho os submete a fortes exigências e hierarquia, lhes são impostas metas de produtividade. Pastores que são designados a pregar fora do Brasil (brasileiros, já que nativos não são confiáveis) são submetidos à vasectomia como forma de diminuir as despesas da igreja com o remanejamento de famílias numerosas, além de, uma vez não tendo filhos, poderem se dedicar exclusivamente, numa verdadeira campanha antinatalista. Além disso, não lhes é imbuída a administração dos vultosos valores que arrecadam em seus cultos, assim como aos fiéis não é permitido ter conhecimento do destino que é dado aos dízimos e ofertas que entregam[57].

Contrariamente ao pastor protestante, que se integra à comunidade, o pastor iurdiano mantém-se distante, exercendo autoridade mediatizada por sua imagem, realizando o serviço de atendimento apenas antes e após as celebrações, sequer residindo próximo aos templos – numa espécie de sacerdócio que se assemelha aos padres católicos. Geralmente vem de outros Estados da Federação, sua procedência é desconhecida em muitas das vezes, a não ser que ele dê o seu "testemunho de fé". Como dito, sua rotatividade não lhe permite criar vínculos, e a qualquer sinal de desobediência à cúpula ou descumprimento das metas estabelecidas é removido. Sua ascensão na hierarquia eclesiástica depende de sua capacidade de arrecadar recursos e na maior presença dos fiéis nos

---

57 Consoante menciona Mariano (1999, p. 61), "os pastores praticamente não têm folga. Estão sempre atarefados com quatro, cinco cultos diários, aconselhamento pastoral, programas de rádio, vigílias e, no final do expediente, com montanhas de cédulas de dinheiro para contar".

templos, já que é nestes que ocorrem as ofertas, é nos templos que os dízimos são gerados, dando sustentação à *holding*.

Acerca do sexo feminino, a compreensão dos pastores da IURD chancela preconceitos acerca de sua fragilidade, para tanto sustentando-se no fato de serem as mulheres que formam a grande maioria nos rituais de exorcismo. Em sua obra, Ricardo Mariano (1999, p. 61) traz emblemático testemunho da senhora Esther Bezerra, esposa do Bispo Macedo, que, por sua importância enquanto verdadeiro contratestemunho, transcreve-se abaixo:

> O Edir acha que mulher não pode mandar em casa, que deve ser discreta na hora de se vestir, que deve falar pouco, que deve ser boa mãe e boa dona de casa. Sua maior função é não atrapalhar o marido, deve ser seu braço direito, fazer tudo voluntária e gratuitamente, desde a limpeza do templo ao evangelismo em presídios. Há relatos de esposas que vivem sobrecarregadas, extenuadas com as tarefas de cuidar da casa, filhos, além de evangelizar e contar pilhas e pilhas de notas de dinheiro tarde da noite.

Acerca da expansão para o exterior (em 1998 estava em pelo menos 50 países), que parece ter sido o objetivo desde que foi cunhada como "Universal", as resistências têm sido enormes, além dos riscos de perseguição. Ao contrário do pacífico povo brasileiro, os radicais muçulmanos, os hinduístas etc., não admitem choque com suas legislações, restritivas como se sabe, ao contrário da liberal da IURD. Fora que a liberdade religiosa é vivenciada por menos da metade da população mundial, sendo a regra a existência de religiões oficiais. Na Espanha, foi criada uma associação de defesa das vítimas da igreja, e, na Bélgica, uma comissão de inquérito da Câmara de Deputados local confeccionou um documento em que a acusa de ser uma instituição criminosa tendo por objetivo o enriquecimento.

Abuso do Poder Religioso nas Eleições

Por fim, com o intuito de comprovar a vulnerabilidade não só intelectual, mas também econômica dos fiéis, a qual os sujeita ao assistencialismo patrocinado pelas confissões, Ricardo Mariano (1999, p. 59) apresenta dados da pesquisa Novo Nascimento, realizada pelo ISER – Instituto de Estudos da Religião, no Grande Rio, em meados dos anos 90, segundo a qual 63% dos fiéis da Universal ganhavam menos de dois salários mínimos e 28% entre dois e cinco salários. Ou seja, 91% recebem mensalmente menos de cinco salários, 50% têm menos de quatro anos de escolaridade e 85% não passaram do primário. 60% são pardos (36%) e negros (24%). Conclui, por conseguinte, que "são os muito pobres e marginalizados que fazem a fortuna da Universal" (MARIANO, 1999, p. 59).

A manter-se nesta ascendente, uma nova realidade sóciopolítica floresce, sendo factível que evangélicos em breve se tornem maioria no Brasil. Sua forma de acolhimento é, sem dúvida, sedutora; aquele que chega é ouvido ("Fala que eu te escuto"), é tratado pelo nome e apresentado a um cenário que envolve encantamento, beleza e até um pouco de diversão; pode-se então imaginar o que esta forma de receber representa em pessoas estigmatizadas e muitas das vezes tidas como marginais, alcoólatras, homossexuais, drogados, prostitutas, que de saída recebem a promessa de serem libertados de seus exus demônios alcançando a cura, já que é pela conversão da margem que o centro Deus–Igreja–Bispo é valorizado.

Seu diálogo aberto com as camadas mais pobres da população já foi assimilado por vários sociólogos que se debruçaram sobre o tema, dentre os quais o sempre citado Ricardo Mariano, para quem precárias condições de existência, organizar a vida, encontrar sentido, alento e esperança diante de cenário tão desesperador, são situações esperadas pelos extratos mais pobres, mais sofridos, mais escuros, menos escolarizados da população, mais marginalizados – distantes do catolicismo oficial, alheios a sindicatos, desconfiados de partidos e abandonados à própria sorte pelos poderes públicos – que, diante desta situação tem optado voluntária e preferencialmente pelas igrejas neopentecostais, as quais adaptam, com primor, sua mensagem, leia-se, conteúdo, forma e meios de transmissão, à vida material e cultural daqueles extratos. O que buscam naquelas confissões é receptividade, apoio terapêutico espiritual e, em alguns casos, solidariedade material. Identifica o autor uma correlação entre pobreza e pentecostalismo, a qual, entretanto, não explicaria os motivos da expansão desta religião, nem as razões do crescimento desigual das diferentes igrejas (MARIANO, 1999, p. 121 e 122).

Muitos dos atuais pastores são ex-viciados, o que facilita o diálogo com os dependentes que procuram a igreja como saída para abandonar o vício, sendo esta uma das razões pelas quais o valor da IURD pode ser medido, não somente pela honestidade pessoal de seus líderes, senão pelas milhares de vidas transformadas. Depois, os convertidos e salvos, curados e exorcizados, são estimulados a dar um testemunho dramatizado de libertação dos demônios nos cultos, candidatando-se, desta forma, a se tornarem novos pastores, após serem submetidos a cursos de oratória financiados pela própria igreja, cujo interesse na formação bíblico teológica parece ser mínimo. Tais cultos desenvolvem-se em três partes (louvor, exorcismo e ofertas, inclusive de magias) e sua dinâmica se desenvolve buscando contagiar os presentes.

Outra característica que distingue e diferencia o neopentecostalismo do catolicismo é a chamada "fé de resultados". Conforme Emerson Giumbelli (2008, p. 90):

> Em outro plano, a prosperidade, ainda que seja um termo específico a certeza de sua vertente, serve para apon-

Abuso do Poder Religioso nas Eleições

tar outras provocações lançadas pelos evangélicos. Ela identifica, primeiro, a prática teologicamente fundada que se traduz no pedido de dinheiro durante os cultos. Trata-se de uma inversão do princípio instituído, prevalecente no campo religioso e socialmente legitimado, da caridade: ao invés de doar, a religião pede.

Ou seja, enquanto na religião católica as promessas, que incluem eventuais doações procedem ao resultado ou à graça alcançada, a partir das quais o fiel tem que honrar sua dívida, nas religiões neopentecostais dar o dízimo é candidatar-se a receber bênçãos, ficando Deus na obrigação de cumprir a Sua palavra para com o fiel; portanto o ditado "promessa é dívida" se aplicaria Àquele. Quando acusados da prática de uma espécie de "estelionato espiritual", eles respondem que os fiéis são livres para doar, não sendo em instante algum coagidos como se queira supor[58].

2.3 A Teologia da Prosperidade

A teologia da prosperidade teve início nos Estados Unidos nos anos 40 e é também chamada de "Confissão Positiva" ou "Movimento de Fé". Foi a simpatia por ela gerada nas novas lideranças que fez surgir o neopentecostalismo. É mais conhecida pelos não crentes por seu apelo financeiro, que a sujeita a ressal-

---

58 É o próprio bispo Edir Macedo quem ensina: "Comece hoje, agora mesmo, a cobrar dele tudo aquilo que Ele tem prometido... O ditado popular de que 'promessa é dívida' se aplica também para Deus. Tudo aquilo que Ele promete na Sua Palavra é uma dívida que tem para com você... Dar dízimos é candidatar-se a receber bênçãos sem medida, de acordo com o que diz a Bíblia... Quando pagamos o dízimo a Deus, Ele fica na obrigação (porque prometeu) de cumprir a Sua Palavra, repreendendo os espíritos devoradores... Quem é que tem o direito de provar a Deus, de cobrar d'Ele aquilo que prometeu? O dizimista!... Conhecemos muitos homens famosos que provaram a Deus no respeito ao dízimo e se transformaram em grandes milionários, como o sr. Colgate, o sr. Ford e o sr. Caterpillar" (MACEDO, 1990, p. 36).

Peterson Almeida Barbosa

vas por não tecer críticas aos males do capitalismo, às desigualdades e aos desequilíbrios econômicos. Tem como forte traço distintivo a entrega de dízimos e ofertas como forma de garantir um espaço no céu; sua pregação básica insufla os crentes, mais das vezes carentes, a se tornarem colaboradores na obra divina, por via do pagamento de dízimos e pelas ofertas que fazem sob a mediação dos pastores, numa espécie de barganha mágica com Deus, de duvidosa ética, vista com enorme desconfiança pela maioria da sociedade[59].

Dita pregação sofre críticas de parte dos próprios evangélicos, que a reputam alienante por distorcer os valores bíblicos, os quais não lhes garantiriam a prometida vida plena e abundante, boa saúde e prosperidade material. Aqui, observe-se a abissal diferença em relação à Igreja Católica, para quem "os pobres e humildes serão exaltados" (BÍBLIA, Lucas 14:11), já que deles é o Reino dos Céus, do qual são herdeiros preferenciais, numa glorificação do sofrimento, de sorte que são afiançadas todas as promessas de redenção num outro mundo para quem viva na miséria e na humilhação[60] (a chamada "mensagem da cruz"),

---

59 E não só com desconfiança. Pastores se tornaram personagens jocosos de programas humorísticos, como o personagem "Tim Tones", imortalizado por Chico Anísio, e de "memes" nas redes sociais cujo pano de fundo são seus criticáveis métodos de arrecadação.

60 Odêmio Ferrari (2007, p. 91) leciona que "a Teologia da Prosperidade rompe com o pietismo ascético de isolamento social (costumes rígidos, legalismo, pobreza, sofrimento, apoliticismo), características do pentecostalismo clássico. Assim, as igrejas passam a responder às expectativas de camadas da segunda, terceira geração de crentes, já criados na cultura urbana, desejosos de inserção na sociedade do capital e do consumo. Seu público tem uma outra visão de mundo e ignora o passado de dificuldades dos antepassados imigrantes do interior. Entre eles já há uma classe média emergente em que a pobreza material, isolamento social rejeição aos prazeres e vaidades, não condizem com suas expectativas de vida. Por isso, nota-se a tentativa do evangelismo em ser aberto, possibilitando atrair contingentes das classes médias urbanas, já integradas na lógica do sistema. Além disso, a Teologia da Prosperidade serve de legitimação religiosa aos ricos que almejam a "paz de espírito", visto que

enquanto os neopentecostais preferem o terrestre presente ao celeste porvir, enaltecendo o bem estar de seus crentes ainda neste mundo, intentando serem bem aventurados na riqueza, já que um pai rico só deseja ter filhos também ricos. Fisgam, assim, aquele sujeito que se encontra vivendo uma crise, inserido numa sociedade que lhe oferece horizontes sombrios, levando-o assim a facilmente acreditar que merece desfrutar da prosperidade prometida. Tal discurso inflama essas pessoas e, o que é melhor – para a Igreja –, a desresponsabiliza, posto que, caso o esperado resultado satisfatório não seja alcançado, a culpa é do citado sujeito que deixou o diabo dominá-lo, "revoltar-se contra a injustiça social não leva a nada. O cristão fiel deve ser revoltado contra a miséria de si mesmo, o mal espiritual de sua vida. Tirar o encosto que o assombra!" (FERRARI, 2007, p. 146).

No dizer de Paulo Bonfatti (2002, p. 79–81):

> O que chama a atenção é o rompimento com uma visão teológica cristã que coloca o sofrimento e a pobreza aqui na terra como algo fundamental para se atingir o paraíso, a redenção ou a ressureição no final dos tempos. [...] Depois de muito tempo, inverteu-se a lógica de um cristianismo em que os bens materiais seriam coisas mundanas ligadas ao Diabo, e o dinheiro e o lucro não são mais considerados sujos.

Seus defensores creem no poder da chamada "confissão positiva", de lógica herética, quando o crente declara em voz alta o objetivo que deseja alcançar, como forma de garantir que lhe seja concedido. Seria a crença de que aos cristãos foi dado o poder de trazer à existência aquilo que for declarado em voz alta, como se palavras ditas desta forma fossem criar realidades. Na lógica

---

a esperança de um reino futuro já não é atraente. O que seduz agora é um reino de deus presente, universal, cujo desfrute está acessível a todos".

inversa, caso o pedido não se realize, a culpa seria do crente por não ter orado direito, não ter tido fé o suficiente ou não ter feito as ofertas necessárias para receber a graça de volta. Não se quer o que sobra, sendo necessário que o crente dê aquilo que não pode dar, já que só a fé em grande proporção é capaz de fazê-lo alcançar as grandes coisas que deseja[61]. Para os neopentecostais, Deus não dá importância àquilo que o fiel traz em suas mãos, senão àquilo que restou em seu bolso, o valorizado é aquilo que se guarda na poupança para um sonho futuro, já que o que Deus verdadeiramente busca é aquilo que para o crente é o seu primordial, o imprescindível, e não aquilo que lhe sobra; é incutido que o dizimista se torna mais rico, e não mais rico no sentido de possuir mais bens materiais, ao contrário do que a princípio possa parecer como óbvio.

A prosperidade assim é ungida, os pastores, que se julgam intermediários de forças sobrenaturais, prometem em suas predicas uma melhora substancial nas condições materiais dos fiéis por intermédio da fé, da oração, a pobreza significa para eles falta de fé[62], eis que Jesus veio ao mundo pregar o Evangelho (e não promover a religião evangélica como parecem supor) aos pobres justamente para que deixem de ser pobres, já que Deus não é

---

61 Ainda nas palavras de Odêmio Ferrari (2007, p. 137-138), "demonstram assim, a sua fé, sendo desafiados a empenharem valores superiores às possibilidades do salário e dos rendimentos pessoais. Esse momento vai tendo insistência apelativa até chegar à situação mais constrangedora da 'varredura', em que ninguém pode esquivar-se de levar o mínimo que tem aos pés do intercessor do Deus vivo e forte. Desafia-se para raspar os bolsos ou carteiras, só reservando o dinheiro do ônibus de volta para casa [...] utiliza-se o dinheiro como uma moeda forte e com bastante liquidez no cotidiano dos fiéis. Eis o lado prático e rentável desse empreendimento religioso de perfil pós-moderno e de declarado cunho empresarial. Nele se incute a visão de troca e investimento, encurralando-se o sagrado, pois Deus, para ser fiel em sua divindade, não pode fugir de sua palavra revelada na Bíblia e pregada pela igreja".

62 A mensagem religiosa seria assim adaptada para dar significação ao porquê dos mais pobres se encontrarem naquela posição social, com o fornecimento de recursos simbólicos e rituais que serviram para mudarem subjetivamente de vida.

Abuso do Poder Religioso nas Eleições

sádico. O cristão, portanto, deve ser próspero, saudável, feliz e vitorioso em seus empreendimentos terrenos; prosperidade que também pode ser alcançada passando pelos rituais de libertação e rejeição dos usos e costumes de santidade pentecostais, tradicionais símbolos de conversão e pertencimento.

Por óbvio, um compromisso financeiro deve ser assumido com o pagamento de dízimos e ofertas, cuja prestação de contas sobre aqueles nunca têm acesso. Aos crentes é prometido que testemunharão um milagre em suas contas bancárias, se tornarão patrões, terão carro, casa própria, imóvel na praia, seus filhos frequentarão faculdades e serão tão abastados quanto as próprias igrejas, num mundo que não é visto como outrora num mundo para ser rejeitado, onde usufruir e desfrutar do supérfluo e não somente do necessário não é considerado perdição, senão como salvação, numa legitimação do "eterno no instante" que subverte a ética protestante, que prega o trabalho diligente, a vida frugal, a produção, a posse e a poupança como caminhos para se alcançar a salvação eterna, numa errônea interpretação da Bíblia[63] sob a ótica neopentecostal. Segundo esta, a riqueza viria por meios rituais, à luz da Teologia da Prosperidade.

Por esta razão, os valores consumistas são sacralizados por intermédio daquela teologia, naquilo conhecido como "mercantilização do sagrado", que transforma o campo religioso num mercado religioso. Tal teoria é, ao fim e ao cabo, uma adaptação às necessidades de uma sociedade de consumo e às exigências do mercado religioso, no dizer de Paul Freston, evangélico declarado, diga-se de passagem, é "uma forma de modernismo

---

63 Sob o pretexto de na Bíblia se encontrarem todas as verdades, é comum a relacionarem com aspectos da vida real como desemprego, falta de dinheiro, problemas afetivos e até mesmo drogas e alcoolismo, com a facilidade de serem "produzidos" sem os requisitos do ritualismo católico.

teológico" (FRESTON, 2006, p. 42)[64]. Para os neopentecostais, portanto, o céu é aqui e agora e o templo é o local predestinado para a ocorrência dos milagres. Todos seriam predestinados à prosperidade, posto serem herdeiros do reino das riquezas de Deus, alcançáveis através dos dízimos e das ofertas, afiançados na infalível promessa de reciprocidade divina multiplicada, erigindo ao dinheiro um caráter sagrado. Sua "prestação de serviço religioso com características empresariais é um ajuntamento de interessados na obtenção imediata dos favores do sagrado" (CAMPOS, 1999, p. 51).

Por conseguinte, é fácil compreender porque, embalados nesta teoria, passam a buscar o triunfalismo político evangélico, conquistando um utópico "governo evangélico", o que, nas experiências de países como a Guatemala e a Zâmbia findou por ser frustrante, já que são conflitantes as tarefas do governo e as institucionais (ou corporativas) das igrejas. Demais disso, parafraseando Paul Freston (2006, p. 43), "um governante evangélico eleito com fundamento na teologia da prosperidade, que praticamente diviniza o poder, terá pouco 'folego ético' para sair-se imune às tentações das regalias e do enriquecimento ilícito".

A teologia da prosperidade busca incutir aos fiéis através de orações como "Corrente da Prosperidade", "Fogueira Santa", dentre outras, que o rico é abençoado, e que os pobres, sob a orientação da igreja, alcançarão a prosperidade, daí a importância do rádio e televangelismo[65], os quais, com seu cardápio reli-

---

64 Interessante a visão do citado autor enquanto evangélico, porquanto para ele: "evangélicos imbuídos da TP não estarão em condições para ser os cristãos abnegados e autodisciplinados que precisamos na política" (FRESTON, 2006, p. 42).

65 Sobre o evangelismo eletrônico, é importante frisar que pouco converte, servindo mais para atrair pessoas aos templos, auxiliando na implantação e divulgação de novas congregações. A pregação ou a oferta mágico-religiosa da igreja se torna mais palatável dentro dos templos. Seria talvez uma das explicações pelas quais,

Abuso do Poder Religioso nas Eleições

gioso à escolha do telespectador e seu imenso poder de propagação (ou "direito da antena" na fala dos eleitoralistas), terminaram por se transmudar em telejornais disfarçados das agremiações. Já nos templos, ofertas são associadas à distribuição de brindes. Ser generoso nas ofertas ("Dar – dinheiro – para receber, quem não o dá, é acusado de ladrão" (BÍBLIA, Malaquias 3:9)), havendo relatos de fiéis que são constrangidos, e até amaldiçoados ("Sem o dar nunca haverá o receber" (BÍBLIA, Lucas 6:38) e, ainda, "dai e ser-vos-á dado") para refazer esta sociedade com Deus, na qual Este tem obrigações a cumprir. O que é visto como provar que tem fé é a certeza de ter Deus como credor dos direitos do fiel pagante[66], o qual é sempre lembrado do alto custo do aluguel do prédio onde funciona o templo, das contas de água e luz, e dos ambiciosos projetos evangélicos tocados de forma competente, diga-se de passagem, com o volumoso montante de recursos arrecadados, em determinadas situações de maneira bastante heterodoxa, olvidando que a Bíblia adverte a não ser como os fariseus "amigos do dinheiro" (BÍBLIA, Lucas 16:14).

Segundo mais uma vez o escólio de Ricardo Mariano (1999, p. 152), para os neopentecostais ser pobre significa falta de fé, desqualifica, noutras palavras, qualquer postulante à salvação. Sustentam que Jesus veio ao mundo pregar o Evangelho aos pobres justamente para que eles deixassem de ser pobres, numa ênfase indisfarçável à prosperidade financeira que se torna quase que irresistível aos crentes carentes. Tanto a teologia da prosperidade como a do domínio dão nova significação ao infortúnio, ao sofrimento, que deixam de ser vontade divina ou forma de se

---

na recente pandemia por conta da COVID-19, diversas lideranças neopentecostais ergueram as vozes contra o fechamento dos templos por questões sanitárias, forçando o governo federal a considerá-los como serviços essenciais.

66   O ditado popular "promessa é dívida" é levado ao pé da letra.

Peterson Almeida Barbosa

alcançar o paraíso, senão são interpretados como incapacidade religiosa decorrente de faltas morais ou espirituais, falta de fé ou envolvimento direto ou indireto com o diabo[67]. Tal desejo de paraíso terreno é dirigido a Deus como exigência, reivindicação, por ser direito do fiel, ao contrário dos católicos tradicionais, que pedem e imploram, o que é visto pelos críticos como atentatório à soberania divina[68].

Por fim, a teologia da prosperidade entende a pobreza não como fruto de condição social, senão como uma doença curável, sendo a miséria decorrência da falta de fé. Esta teologia elimina a culpa da riqueza, na medida em que Deus a abençoa por ser direito de Seus filhos. O sofrimento humano é reinterpretado de modo contrário ao proposto pelo cristianismo[69], deixando de ser uma vontade divina, ou um caminho para se alcançar o paraíso, senão se torna um sinal de infortúnio. Para a citada teologia, a dor e a pobreza são obras do diabo e de seus agentes (os encostos), não podendo o fiel aceitá-la sob pena de se tornar cúmplice do mal. Se estiver com Deus (e retribuir) alcançará saúde, sucesso e poder, afinal Deus não é um "sádico". Ela almeja refletir a fé do crente não só pelos preceitos morais, senão por seu sucesso econômico e por seu poder de consumo.

---

67 Uma crítica que constantemente se faz a esta teologia é que, sendo os males físicos atribuídos ao diabo, e sendo este expulso, supostamente o fiel tem restabelecida sua saúde, deixando de frequentar médicos ou administrar medicamentos e assim agravando o mal que padece.

68 Conforme Mariano (1999, p. 158), "o suposto atentado dos neopentecostais à soberania divina é minimizado por sua submissão a Deus e por seu acentuado pietismo. Muitos deles frequentemente vão às lágrimas nas orações coletivas. Orações que, se fosse seguida ferreamente a lógica da confissão positiva impressa na teologia da prosperidade, seriam desnecessárias, uma vez que bastaria decretar as bênçãos, pagar dízimos, dar ofertas e ter fé".

69 Para os católicos a providência divina é a única capaz de reverter eventuais infortúnios.

2.4 A Teologia do Domínio

Está escrito na Bíblia Sagrada que Jesus Cristo, em sua curta passagem pela Terra, também teria expulsado demônios, mencionado o fogo eterno de Satanás, sendo também tentado pelo Diabo (BÍBLIA; Marcos 1 12:13; Lucas 4 1:13), responsável por todos os males, dentro do imaginário demoníaco cristão (dicotômico entre o bem e o mal). Teria ele ainda dado aos seus discípulos poderes para expulsar tais demônios[70] em seu nome, daí o apego dos neopentecostais às práticas exorcistas, numa continuidade cultural, apenas reatualizada, do catolicismo popular, diferenciando-se no fato de, agora, serem realizadas em troca do dízimo, antídoto utilizado para repreender os demônios da vida financeira do crente. Seria esta esconjuração exigente de doses cavalares de fé, este "trabalho especial de libertação de pessoas endemoninhadas" para que "nasçam de novo" tomando natureza divina, que o Bispo Edir Macedo determina a seus pastores que o façam, num contraponto à pregação "água com açúcar"[71] do catolicismo tradicional[72], que dominou acomodadamente por

---

70 A teologia do domínio seria utilizada para mormente expulsar aqueles políticos com os quais os fiéis se decepcionaram, que seriam substituídos por "homens de Deus na política".

71 Em seu livro "A Libertação da Teologia", o Bispo Macedo (1997, p. 37) acusa o cristianismo de muita teoria e pouca prática; muita teologia, pouco poder; muitos argumentos, pouca manifestação; muita palavra, pouca fé. Tudo a demonstrar sua pouca importância à vida no além.

72 O culto de libertação é descrito com fidedignidade por Ricardo Mariano (1999, p. 126–127): "Na Universal, sexta-feira é o dia reservado ao culto de libertação. Fiéis e potenciais conversos, sempre em grande número, frequentam-no para, literalmente, libertarem-se de seus demônios. Na prática, porém, em quase todas as suas reuniões diárias, com relativa exceção dos cultos ao Espírito Santo, realizam-se exorcismos de possessos. Eles ocorrem durante as orações feitas pelo pastor, que nas mais longas reveza-se com seus auxiliares. Enquanto os fiéis, de olhos fechados e em pé, oram acompanhando o pastor, os obreiros caminham pela igreja, orando e perscrutando cada um dos presentes, em busca de demônios escondidos. Diante de qualquer indício, como um leve tremor do corpo, lágrimas, desconforto físico,

cinco séculos o Brasil, sendo a missa prova disto, eis que, ao longo de tantos anos, apenas retirou o latim da liturgia e determinou aos padres que falassem de frente para os fiéis, modificando a chamada missa tridentina, baseada numa revisão do Missal Romano pedida pelo Concílio de Trento aos papas. Além da expulsão de demônios, nas igrejas neopentecostais frequentemente objetos são bentos, supostamente dotados de poderes mágicos e miraculosos, posteriormente distribuídos aos fiéis, do corpo dos quais são também retirados "encostos" e "maus olhados"[73]. Sua

> mal estar, o obreiro avança sobre o fiel, segura sua nuca, impõe uma das mãos sobre sua cabeça, muitas vezes girando-a freneticamente para os lados e para trás (o que contribui para a manifestação), e grita ao pé de seu ouvido para que o demônio se manifeste. Em seguida, em nome de Jesus, vocifera diversas vezes 'sai', 'sai', 'queima', 'queima' (como se um ser incorpóreo pudesse ser queimado), até que o possesso seja liberto do espírito demoníaco e, por consequência, de seus problemas. Pois, na ótica macediana, todos os males que afligem a humanidade são causados pelo Diabo e seus anjos decaídos. Cristo, por sua vez, é anunciado como a própria panaceia. Daí que o mal, qualquer que seja, além de devidamente nomeado e diagnosticado, pode ser prontamente sanado através de mediações ritualistas. Nos casos de possessão mais renitentes, o possesso é levado, ora para uma sala reservada, ora para o púlpito. Neste, diante da assistência, já com o demônio submetido à autoridade divina e 'amarrado' (pelo poder de Cristo) para que não machuque nem prejudique mais seu 'cavalo', isto é, com as mãos para trás do corpo em forma de garra (imitação do transe de Exu na umbanda), a estrutura do ritual exorcista ou do diálogo que o pastor estabelece com os deuses e espíritos das religiões inimigas apresenta, em geral, quatro passos. Primeiro, o pastor, ao entrevistar o demônio, procura identificar seu 'nome', invariavelmente uma entidade dos cultos afro-brasileiros. Segundo, pergunta como ele se apossou daquela pessoa (podendo ser por hereditariedade, participação direta ou indireta em terreiros, despachos de 'macumba', feitiçaria). Terceiro, procura descobrir os males e sofrimentos que ele está provocando na vida (familiar, financeira etc.) de sua vítima. Quarto, depois de humilhá-lo, expulsa-o em nome e para a glória de Cristo. Cada exorcismo, mas sobretudo os realizados no púlpito, porque mais teatrais e espetaculares, vem corroborar, na forma de rito, a verdade da fé pentecostal ou seu caráter bíblico. Serve como demonstração prática do poder de Cristo e da autoridade de seus servos sobre os demônios, além de desancar as religiões adversárias, já que os anjos demoníacos agem através delas".

73 Conforme Vagner Silva (2015, p. 155–157), "no neopentecostalismo, como no cristianismo em geral, o corpo é pensado como a morada do Eu e de Deus que o criou como um 'santuário'. A constante tentativa do demônio de se apoderar desse corpo visa a destruir esta que é a principal obra do criador: o homem na

Abuso do Poder Religioso nas Eleições

programação religiosa gira em torno de desgraças, crises e sofrimentos de toda ordem, advindos das mais variadas origens, narrados pelos fiéis com absoluto despudor quanto à sua intimidade devassada, naquilo que se denomina de confissão positiva.

Para as igrejas neopentecostais, todos os males, sejam físicos ou psicológicos, contém, no fundo, problemas de ordem espiritual que devem ser combatidos, o que para eles não se configura como um curandeirismo, já que asseguram não proibir seus crentes de fazerem uso da medicina tradicional, oficial, a qual presta um precário atendimento aos mais carentes, os quais, por questão de sobrevivência, se veem atraídos pelas curas mágicas, protagonizadas por um Deus que é panaceia para todos os males, o "médico supremo", que curava através de seu Filho e continua a curar nos dias de hoje pela interseção do Espírito Santo.

Conquanto advenham do pentecostalismo, cuja pregação é fundamentalista e razoavelmente emocional, os neopentecostalistas inovam ao trazer a cura exorcizada, numa pregação que

---

sua dupla condição, corpo e alma. Fortalecer o Eu junto ao espírito de Deus é a única forma de vencer esse inimigo, daí a possessão do Espírito Santo ser aceita legitimamente, pois pousa no corpo da criatura o espírito do criador [...] Nas religiões afro-brasileiras o transe (das diversas divindades) e o sacrifício (dos animais) são ritos que garantem a comunicação entre a terra e o mundo sagrado, constituindo uma noção de pessoa por adição e acréscimo contínuo de parcelas do sagrado que se individualizam. No neopentecostalismo, ao contrário, o transe (de uma única divindade) e o 'sacrifício' (dos demônios/exus) visam a constituir uma noção de pessoa por subtração (expulsão) permanente da presença de um 'sobrenatural maligno' que insiste em habitar o corpo dos fiéis. Nesse caso é o 'Eu' que se diviniza ao se libertar de uma espiritualidade tida como maligna e errada em contato com um espírito não individualizado, o Espírito Santo. Por isso, o diabo (exu) quando nele se manifesta fala a língua dos homens e de sua cultura (compreensível), enquanto a pessoa está inconsciente, narrando suas façanhas malévolas. Moralmente, esse 'Eu' é visto, portanto, como essencialmente bom e certo e, a princípio, não poderia ser responsabilizado pelos atos maus e errados cometidos sob a influência dessa outra 'persona' que o invade. Da mesma forma, esse 'Eu', ao ser visitado pelo Espírito Santo e falar a língua dos anjos (incompreensível aos homens), não perde sua consciência, ou, se quisermos, a da trindade divina, se torna 'várias pessoas em uma'".

pouco tem da Palavra, apresentando aos fiéis um Deus sucessível à barganha, com poderes para garantir conquistas, satisfações e sucessos desde que retribuído com dízimos e ofertas. É ofertada uma religião com fortes traços do individualismo e flexibilidade das condutas, com prioridade ao estético e ao espetáculo ritual, isto para um público que já tantas e tantas vezes migrou de religiões buscando alguma com a qual se identificasse

A sempre citada tríade cura, exorcismo[74] e prosperidade (a pobreza não mais como um sinal de redenção na vida do cristão), seria, nas palavras de Bittencourt Filho (2003, p. 122), uma espécie de processo terapêutico para os numinosos, socorridos em tempo integral. Além disto, funcionaria como plataforma política, na medida em que se presta como paliativo das imensas dores vivenciadas pelos excluídos, mais uma vez se prestando a religião como algo fundamental na constituição deste tecido social dotado de características como a passividade e obediências às lideranças.

Para além disto, analisando os serviços religiosos prestados pela Universal, destaca o mencionado pesquisador, o uso superficial da Bíblia e o fundamentalismo representados na massiva leitura de conhecidos versículos como justificativa às práticas adotadas na liturgia, tornando palatável seu entendimento. Noutro ponto, a euforia e o fervor presentes nestes cultos não lhes passam despercebidos, sobressaindo-se como momentos de "catarse coletiva". A música também é ressaltada, servindo para emocionar e congraçar, tal qual ocorre com os programas televisivos de auditório; além daquela, a vontade de poder espiritual de superioridade e o individualismo coletivista são celebrados, explicado este último

---

74 Vagner Silva (2015, p. 161), aduz que "por oposição ao sistema afro-brasileiro, decretando-lhe uma guerra sem trégua, o neopentecostalismo adotou o diabo como protagonista tornando-se refém de quem pretendia aprisionar, pois o que seria do céu sem o inferno, da glória do vencedor sem as contínuas legiões de vencidos?".

Abuso do Poder Religioso nas Eleições

como "a oferta massiva de bens simbólicos *full time* e de forma personalizada, o que significa poder dispor desses bens cada um ao seu ritmo e disponibilidade, tanto temporal como financeira".

Há ainda o adestramento das pessoas para o cumprimento de seus papéis sociais, dispensadas que são de formação doutrinária. Por fim, não passa despercebida às lentes do referido autor a "verticalidade de poder representada pela matriz clerical centralizada e autoritária, revestida de messianismo que facilita o controle dos adeptos e sua obediência em busca de realização material".

A teologia política das igrejas neopentecostais seria aquela para qual, diante das incertezas para viver, apareceria a figura de um pastor, um messias[75], um profeta que lhes fala num "novo tempo", alguém com trânsito e influências suficientes a apontar uma direção a ser seguida, daí o lema "pare de sofrer" da IURD, que se apresenta como uma alternativa ao Estado inativo para aqueles que se sentem à margem da história, os "herdeiros da escravidão", os humilhados por políticos que os exploram com vistas às suas acumulações de capital. É recorrente a comparação com os Estados Unidos da América, eis que, se naquele país no qual índios também foram explorados e negros igualmente escravizados e, apesar disto, o progresso vicejou, a causa de nossos males então seria o sincretismo demoníaco.

A inserção destes religiosos na política, para tanto se valendo de todos os meios de comunicação de massa disponíveis, é mais uma expressão da teologia do domínio, ainda que não se possa deixar de reconhecer que a entidade religiosa, enquan-

---

75 O messianismo é, sem dúvidas, uma forma dos pastores se igualarem aos políticos. São messias evangélicos transmudados em messias políticos, o que nada mais é senão uma idolatria, uma forma de se entender a política como uma questão de pessoas, e não como um sistema como deve ser entendida. Trata-se da utilização do velho discurso de que "só Deus pode salvar o Brasil", lendo-se "só Deus" como somente os evangélicos (FRESTON, 2004, p. 85).

to veículo difusor de doutrinas, consegue alcançar um número indefinido de pessoas, sendo, por certo, um dos meios de comunicação mais poderosos que existem. Os crentes, que obedecem rigorosamente às orientações religiosas, facilmente o fazem quanto às orientações políticas, mesmo porque, mais das vezes, são detentores de uma visão eminentemente monocular.

Em sua tese de doutorado intitulada "O Poder da Igreja Universal do Reino de Deus: um estudo sobre a inserção sociopolítica dos neopentecostais no Brasil e suas implicações para a democracia", Geórgia Gomes (2010, p. 130) traz emblemático discurso de um dos líderes da IURD, o ex-deputado Paulo de Velasco, no qual sustenta que o maior dos políticos foi Jesus, contendo sua Palavra passagens várias que provam que "Deus é o rei, e rei é quem detém o governo: o político". O citado parlamentar, citando e interpretando textos bíblicos, sugere metodologia que parte da premissa de que se são os deputados que fazem as leis, e se estas não podem ser injustas nem opressivas, é preciso ocupar as Casas Legislativas. Finaliza, fazendo uma comparação de Deus com um homem gestor de negócio familiar, que gostaria de ter um filho dando-lhe continuidade, mais uma vez citando livros sagrados para afirmar:

> [...] 'estabelecerás, com efeito, sobre ti como rei aquele que O SENHOR, teu Deus, escolher; homem estranho, que não seja dentre os teus irmãos, não estabelecerás sobre ti, e sim um dentre eles'. [...] Então, desde essa época Deus tinha projetos políticos. Deus tinha projetos políticos. É claro que ele era o rei de todo o seu povo. Era um regime teocrático, mas a partir de Saul, o reinado desceu para a terra e, a partir daí, Deus espera que cada um cumpra com o seu dever. (BÍBLIA, Deuteronômio 17:15)

Desta forma, pretendem esses "homens de Deus na política" decapitar o Estado, fazê-lo ferramenta da religião e de Deus. Sem dúvidas a teologia do domínio é um projeto estratégico contra o socialismo, já que entende que o fim da desigualdade baseada na igualdade de renda é obra demoníaca, uma filosofia da destruição, aliás, tudo aquilo que se refira à luta do cristão contra o Diabo pode ser encaixado nesta teologia, que é conceito contrário ao de teologia definido pela tradição judaica e cristã, definida como ciência sobrenatural ou supranatural, sendo as Sagradas Escrituras sua fonte, já que nelas estaria contida a revelação divina. Para Marilena Chauí (2006, p. 140), no entanto, "toda teologia é teologia política, já que teologia é não saber (ao contrário de filosofia que seria saber), uma prática de origem religiosa destinada a criar e conservar autoridades pelo incentivo ao desejo de obediência".

2.5 Uma Nova "Guerra Santa" no Brasil

No Brasil os católicos ainda são maioria, embora seu decréscimo, nos últimos anos, tenha superado suas expectativas mais pessimistas[76]. De fato, o catolicismo encolheu assustadoramente neste país, outrora o maior país católico do mundo, enquanto as igrejas neopentecostais cresceram vertiginosamente, num movimento pendular[77]. Sentindo o prejuízo, a Igreja Católica criou as chamadas

---

76 Nesta linha, é sintomática a volta do catolicismo devocional, que no início foi afastado, sendo retomado especialmente pelo catolicismo eclesiástico, que, aliás, é a forma de pregação católica que mais cresce. A canonização em tempo recorde é também prova disto, a exemplo do que ocorreu com "Santa Dulce dos Pobres", canonizada em 13 de outubro do ano andante, apenas 27 anos após a sua morte.

77 É interessante observar como, à medida que caminham para a maioria demográfica e deixam de ser minoria, tais Igrejas apresentam dificuldades em conviver justamente com as minorias. Palavras como homofobia, intolerância religiosa, demonização dos adversos e tantas outras passam a, tristemente, fazer parte de nosso vocabulário religioso.

Renovações Carismáticas, a grande arma do Vaticano para conter aquele avanço e recuperar o rebanho, cada vez mais desgarrado.

O Santo Papa João Paulo II, em discursos dirigidos aos bispos latino americanos, em muitas das viagens que fez a este continente, já advertia acerca da necessidade de "uma ação mais eficaz contra a ignorância religiosa e a carência de doutrina que deixam o povo vulnerável à sedução das seitas" (MARIANO, 1999, p. 13). Aos bispos argentinos falou da perspectiva sincretista utilizada, amalgamando elementos bíblicos e cristãos com outros extraídos da magia e de técnicas psicológicas (ACI DIGITAL, 2015, *on-line*).

Afora isto, no Congresso Nacional, o chamado "*lobby* da batina" passou a atuar mais fortemente, como forma inclusive de contra ponto à Frente Parlamentar Evangélica, cuja bancada só cresce. Eles enfrentam fortes críticas das igrejas neopentecostais com sua intransigência discursiva, especialmente por terem, para os neopentecostais, falhado no enfrentamento dos vícios, males e iniquidades sociais que nos assolam, atribuindo-os àqueles a responsabilidade pelo fato de o Brasil não ser um país bem mais desenvolvido. Dessa forma:

> Desde seus primórdios, o alvo principal do repúdio pentecostal foi a igreja católica. Reproduzindo a antiga rivalidade entre protestantes históricos e católicos, sua identidade foi sendo moldada em oposição ao catolicismo. Certas igrejas neopentecostais mudaram parcialmente isso. Embora continuem combatendo vigorosamente o catolicismo, suas baterias bélicas apontam prioritariamente para as religiões mediúnicas, fato que trará consequências para a demarcação de sua identidade. (MARIANO, 1999, p. 127)

Seu discurso moderno e modernizador entra em rota de colisão com tudo o quanto sustentado por milênios pela Igreja Católica, colocando-se ainda frontalmente contra as religiões de matriz africana e também em face do espiritismo kardecista ("fábrica de loucos" para eles; ou "Magia do Engano", livro do Bispo R.R. Soares; ou ainda "Por que Deus condena o Espiritismo", do assembleano Magno Costa), que é sua maior concorrente no mercado de soluções simbólicas, soluções que viriam como que magicamente após todos as pessoas se tornarem cristãs. No Brasil, é oportuno lembrar, não existe o tipo de intolerância religiosa, somente o crime de discriminação (racismo religioso) inafiançável à luz da Lei n.º 7.716/89, e, na maioria das vezes, praticado de forma dissimulada.

É equivocada a pretensão das igrejas neopentecostais de deterem verdades absolutas, e sua opção sincrética não suprimiu a intolerância e notória hostilidade especialmente com relação às religiões de matriz africana professadas no Brasil. Tem-se que deixar "Deus ser Deus" por sobre nossas categorias e definições; é renunciando a possui-lo que se tem um verdadeiro encontro com Ele.

É válida a lição de Anselmo Borges (2009, p. 41–44), para quem Deus "nunca é a nossa medida", urgindo que seja revisto o conceito arcaico de missão no sentido de conversão de outrem à sua religião, sendo fundamental que as pessoas se convertam ao mistério que as envolve. Para ele, esta conversão propicia que identifiquem os pontos negativos de sua crença, ajudando-se mutuamente nestes seus pontos mais fracos.

O mistério da finitude não foi desvendado por nenhuma instituição religiosa, de tal modo que todas se complementam na medida em que colhem ensinamentos mútuos. O reportado autor cita Paul Knitter (apud BORGES, 2009, p. 45) para exemplificar sua teoria:

> [...] a doutrina cristã da Trindade precisa do acento islâmico no monoteísmo; o vazio impessoal do budismo precisa da experiência cristã do Tu divino; o ensinamento cristão sobre a distinção entre o absoluto e o finito precisa da visão hindu sobre a não dualidade de Brahman e o conteúdo profético-prático da tradição judaico cristã precisa da tradição do Oriente que acentua a contemplação pessoal e a ação sem perseguir a eficácia.

Nesse toar, conforme Anselmo Borges (2009, p. 41), é, portanto, fundamental que as instituições religiosas forneçam testemunho umas às outras na sua diversidade, só assim alcançam seu sentido pleno. Neste diálogo inter-religioso nem mesmo os ateus devem ficar de fora, já que aquilo que as vincula é a humanidade. Crendo que Deus é o mistério que tudo penetra e a todos envolve, prega que o respeito por todas as criaturas não é algo acrescentado à fé religiosa, senão é exigido pelo próprio dinamismo dessa fé. Finaliza, dispondo que crer em Deus implica em acreditar no ser humano, já que Deus criou e cria continuamente, revelou-se e revela-se por causa do interesse do ser humano, "o seu interesse não é ele mesmo [...]. Critério essencial da verdade de uma religião é o seu compromisso com os direitos humanos e a realização plena do homem" (BORGES, 2009, p. 43).

As igrejas neopentecostais, flagrantemente adotantes de uma pedagogia guerreira, da volta a uma visão pagã do mundo, ácidas com tudo aquilo que não lhe é espelho, travam uma espécie de guerra espiritual[78] ou guerra santa[79] (aqui o termo em nada

---

[78] Este termo é, para Ricardo Mariano (1999, p. 111), usado "inadvertida e exageradamente".

[79] "[...] mais que o transitar das entidades, o que de fato transitou e adquiriu uma nova fórmula foi o próprio transe. Pois somente quando a igreja Universal admitiu o transe, recriando-o de forma específica, cravando-o no centro do seu ritual mais elaborado, é que as entidades puderam irromper no seu universo religioso [...]. A guerra santa travada consegue, dessa forma, conjugar um sincretismo invertido

Abuso do Poder Religioso nas Eleições

se refere à atribuída ao Islão e a seus ataques terroristas, cujo 11 de setembro foi o mais devastador da história, nem tampouco às guerras travadas entre árabes e judeus, ou entre protestantes e católicos na Irlanda, por exemplo), a depender do enfoque, com todas as religiões, o que destoa da ideia de que o Brasil seja um país de tolerância religiosa.

Referida guerra é mais intensa e beligerante com as de matriz africana (apesar de representarem apenas 0,3% da população, segundo censo de 2000 do IBGE), sobre as quais avançam de forma destemida além das fronteiras dos templos, sendo públicas atitudes frontais de enfrentamento já ocorridas como invasão e destruição de centros e terreiros, etc., numa interpretação flagrantemente distorcida da Bíblia ("O reino de Deus é tomado por violência", Mateus 11:12) que não prega o extermínio do diferente. Fosse o Antigo Testamento interpretado literalmente, dele escorreria sangue, para tanto bastando que se o leia. Na interpretação da Bíblia, por vezes se vislumbram erros científicos crassos, à luz da física, da astronomia e da história que podem ocasionar verdadeiras tragédias.

Os livros sagrados, não só a Bíblia, mas também o Alcorão[80] e todos os outros, não são, dentro desta ótica, ditados divinos,

---

com a ideia de pluralismo religioso. E, como consequência, a igreja Universal combate aquilo que, em parte, ajudou a criar". (ALMEIDA, 1996, p. 62)

80 Sobre a inexistência de verdades absolutas, veja-se a esdrúxula decisão proferida pelo MM. Juiz Eugênio Rosa de Araújo, titular da 17ª Vara Federal do Rio de Janeiro, que entendeu que o candomblé e a umbanda não continham os traços necessários de uma religião a saber: um texto base (tal qual o Alcorão ou a Bíblia); estrutura hierárquica; e, ainda, um deus a ser venerado. Sobre o tema, é oportuno o ensinamento do Prof. Dr. Ilzver de Matos Oliveira (2015, p. 174), para quem "a construção dessa ideia de maior familiaridade com o campo cultural e lúdico fez com que os cultos de origem africana fossem ainda mais atrelados ao profano e ao popular, enquanto se ampliava a rejeição da sua identidade como religião. Esse panorama fez surgir um dos maiores problemas jurídico-constitucionais que os afro-religiosos enfrentaram no passado e ainda enfrentam na atualidade: afinal, como garantir a liberdade religiosa de uma

Peterson Almeida Barbosa

precisando, por isto, de uma mediação hermenêutica, não podendo ser interpretados de modo acrítico em sua totalidade[81], sob pena de surgirem barbaridades como a ideia de que os africanos descendem de um ancestral que teria sido amaldiçoado por Noé, razão pela qual a África seria assolada por fomes, pestes, doenças e batalhas étnicas. Especialmente a Bíblia, que, ao contrário do Alcorão dado por Moisés e Maomé não é um código de leis. Com relação às religiões afro-brasileiras, a propósito, o ensinamento se dá pela oralidade e pela experiência cotidiana no processo pedagógico dos terreiros.

Conforme dito, a teologia do domínio é, no fim das contas, uma nova formulação teológica da luta sempre travada pelos cristãos contra o Diabo, tendo como bandeira de luta a expulsão do demônio do mundo, a libertação de pessoas endemoniadas, em cujos corpos o demônio só não entra caso estejam plenos do Espírito Santo. A partir de sua leitura, as igrejas neopentecostais passam a enxergar as religiões afro-brasileiras como espaços para a ação disfarçada destes demônios travestidos em divindades do panteão afro-brasileiro, como os exus e pombagiras, que seriam espíritos demoníacos que causam malefícios, em que pese, paradoxalmente, haja certa incorporação das liturgias afro-brasileiras nas práticas neopentecostais, como a cura espiritual, o exorcismo, por eles denominado "descarrego", uma espécie de libertação espiritual do fiel e as experiências vividas no próprio corpo.

O Diabo, ou os demônios, sempre exerceram papel de relevância no cristianismo primitivo, afinal, era preciso haver uma

---

religião que não é considerada como religião, e quando muito é reconhecida como manifestação das culturas populares?".

81 "A verdade de qualquer livro sagrado só pode acontecer na compreensão de que o seu horizonte é a salvação. Os livros sagrados são livros religiosos voltados para a oferta da salvação" (BORGES, 2009, p. 33).

explicação para um Deus tão perfeito e bondoso permitir tanto sofrimento no mundo, senão o que justificaria a existência da Igreja Católica? Aliás, não se pode perder de vista que o próprio Jesus Cristo, em sua curta passagem pela Terra, expulsou demônios, sendo ainda pelo Diabo tentado conforme alhures mencionado. Ocorreu, no entanto, que, especialmente do século XVIII para cá a teologia católica restou mais concisa nestas questões, além de manifestar certa descrença com relação a curas milagrosas para aqueles males. Aproveitando-se deste vazio, as igrejas neopentecostais passam a exaltar o exorcismo, sua membresia, carente de faculdade e erudição teológica e presa ao literalismo bíblico passa a acreditar fielmente nestas personificações do mal, a afligir o seu sempre sofrido cotidiano, tornando o transe de possessão uma marca registrada, especialmente da IURD[82].

A IURD, a título de exemplo, é vezeira em conquistar a proposital adesão de ex-pais de santo para a realização de consultas espirituais, as quais, geralmente, ocorrem antes dos cultos, em contatos pessoais entre aqueles e os teístas atormentados. É ainda comum a formação de "corredores", que nada mais são do que espécies de túneis formados pelos braços unidos desses ex-pais de santos ao de pastores, nos quais as pessoas mergulham para se libertarem dos encostos e "trabalhos" feitos em seu desfavor. Neste sentido, é oportuna a explicação fornecida por Vagner Gonçalves da Silva (2015, p. 168) para a mudança do termo de "ex-pai de santo" para "ex-pai de encosto", como forma de se precaver contra eventuais processos judiciais.

---

82 Em seu livro "A libertação da teologia", o Bispo Macedo (1990, p. 128) segue em sua crítica às religiões concorrentes, ora focando no "cristianismo de muita teoria e pouca prática; muita teologia, pouco poder; muitos argumentos, pouca manifestação; muitas palavras, pouca fé".

Com relação à Igreja Católica, os ataques das igrejas neopentecostais também existem, a começar da crítica central às expectativas reservadas a uma próxima vida; o Papa, inclusive, é considerado o representante do demônio na terra, além de padres e bispos serem acusados de pedofilia e hemoerotismo.

O notável é que, em que pese promovam essa "guerra santa"[83], as igrejas neopentecostais se apropriam de facetas das demais religiões num sincretismo inescondível que tem por propósito angariar dividendos. A IURD, por exemplo, organizou seu culto aos moldes do pentecostalismo norte-americano. Neste sentido, Odêmio Ferrari (2007, p. 223–225) aduz que tal confissão "soube capitalizar o imaginário popular, que encontra sintonia com a negatividade divina representada pelo diabo na tradição cristã".

Essa teologia de apropriações é, por vezes, confusa, na medida em que, ora as devoções populares são negadas, ora são ressignificadas, eis que dotadas de forte receptividade na cultura popular. Como exemplos, cita o pesquisador aludido os santos, os sacramentais e as novenas católicas, tidos como idólatras, porém, por seu método de envolver o público e tirar dividendos, tornam-se excelentes para serem aproveitados, o mesmo ocorrendo em relação às entidades divinas dos grupos afro e indígenas. Explicadas estariam, desta forma, a criação das correntes, sessões, bênçãos e a variedade de objetos simbólicos, ritos de exorcismo e de fechamento do corpo.

Este sincretismo tem reflexos em seu sucesso quanto ao crescimento de seu número de seguidores. Apropriando-se do que lhes interessa, demonizam seus rivais, muitos mal sucedidos no quesito

---

83 A história prova que normalmente igrejas perdem o domínio e deixam de ser majoritárias nos países em que são professadas por intermédio de guerras ou revoluções, sendo que, no Brasil, não se verifica tal fenômeno, aqui sendo travadas as chamadas "guerras silenciosas".

Abuso do Poder Religioso nas Eleições

mobilização, ao tempo em que se sacralizam. Com esta força pedagógico-normativa constroem fortes laços sociais de identidade, canalizando-os, inclusive, para a vida política dos crentes, o que tem chamado a atenção da sociologia política, afinal o voto passa pelo entendimento das afinidades dos eleitores com determinadas instituições e da capacidade avaliativa de fazerem determinadas escolhas tendo, por fim, como referência, os seus interesses particulares. Portanto, o campo de batalha deste conflito será, por excelência, o eleitoral, como adiante se demonstrará.

3. A Atividade Política das Igrejas Neopentecostais: Tensão Liberdade Religiosa x Normalidade e Legitimidade dos Pleitos Eleitorais, Abuso do Poder Religioso e Possíveis Soluções

O poder político seria a última instância a ser alcançada pelas igrejas neopentecostais, que já detinham o poder religioso (naturalmente), econômico, empresarial e midiático, com vultosos recursos advindos das doações e ofertas, imunes à tributação. Sua conquista serviria, não apenas para detenção dos poderes sistêmicos, como um todo, através da ocupação de cargos majoritários e também proporcionais, mas também para a nomeação em cargos políticos e para a mantença e ampliação de seus direitos, notadamente a imunidade tributária. Além disto, sustentam que a presença de "homens de Deus" nos postos de domínio seria o meio para defesa de suas pautas morais[84] e de sustentação daquilo que entendem serem os desejos divinos.

Ocorre que o voto evangélico tem características muito próprias. As principais decisões daquelas confissões passam, na grande maioria das vezes, ao largo da democracia. Os líderes (e em alguns casos, o líder) selecionam candidaturas e ungem os escolhidos em candidatos oficiais, que nada tem a fazer senão acei-

---

84   As chamadas, no Congresso Nacional, "pautas da cintura para baixo".

tar a unção[85]. Dentre outras situações, é esta forma de brandura que se utilizam para conquistar o voto de seus fiéis eleitores que vem sendo questionada nas cortes eleitorais, figurando igrejas e celebrantes como litisconsortes passivos necessários, inclusive com decisões flagrantemente *praeter legem* decretando, de maneira assaz questionável, a cassação de mandatos eletivos.

Não que se esteja supondo, muito menos se afirmando, que crenças gerem alienação ou perda de autodeterminação de forma linear por parte de seguidores, o que seria inaceitável, apenas que, há situações pontuais, nas quais a ascendência, e o próprio temor reverencial, podem dar ensejo a manipulações de consciências que fazem com que o voto deixe de ser aquilo que conceitualmente é: um simples exercício (livre e desimpedido) de cidadania.

Estariam, destarte, dois princípios em aparente conflito, quais sejam a liberdade religiosa e a normalidade e legitimidade dos pleitos, sendo o marco teórico da proporcionalidade a solução adotada. Sendo esta uma tese propositiva, possíveis resoluções foram apresentadas, ao passo em que foi defendida a necessidade de supressão da lacuna legislativa, mediante a criação do abuso do poder religioso.

---

85 Sobre esta "escolha" da IURD, Paul Freston (2006, p. 119), evangélico declarado, assim se manifestou: "Quanto à Igreja Universal, ela certamente não valoriza a participação democrática dos seus membros no estabelecimento da linha política. A linha já vem traçada de cima e os membros são convocados a se comportarem de acordo. A preocupação política da IURD continua sendo os seus enormes interesses institucionais".

3.1 A Conquista do Poder Político, as Características do Voto Evangélico e a Atuação Parlamentar Evangélica

Pouco se conhece e se estudou acerca deste novo pente-costalismo que emergiu dos anos 70 para cá, em que pese suas grandiosas catedrais aflorarem da noite para o dia no cenário de nossas cidades, se verifiquem cada vez mais pessoas, próximas e distantes, convertidas e o domínio que vem exercendo sobre os meios de comunicação, além da incursão no cenário político partidário, formando um dos 3 "b's" que dominam o Congresso Nacional e sem os quais não se governa, que seriam: as "banca-das da Bíblia, da bala e do boi". Na atual legislatura, verificou--se um notável crescimento do segundo "b" em detrimento do primeiro, num clássico efeito "arrastão" atribuído às pautas de segurança pública do Presidente da República.

O poder político era a última das facetas do poder que as igrejas neopentecostais ainda não detinham (como a Igreja Cató-lica deteve num passado recente), eis que o religioso, econômico--empresarial e midiático já havia conquistado. A questão é que a política partidária é um jogo nem sempre jogado com regras re-publicanas, e seus jogadores passam a ser "gregos uma vez com os gregos". No instante em que um agrupamento poderoso como o das igrejas neopentecostais, que sempre pautou suas decisões no centralismo e totalitarismo, resolve se aventurar num grandioso projeto como este – que muitos acreditam ter por fim a Presidência da República – lançando candidatos e passando a almejar cargos em governos constituídos, é que surgem os problemas.

Num país em que a grande maioria da população professa alguma religião, muitas vezes frequentando mais de uma, tem altos índices de reversibilidade em suas opções de fé – o que é fruto, inclusive, de seu voluntarismo religioso – o "falar divino" dos pastores em seus púlpitos e microfones deve ser dotado de calibragens em seu conteúdo, não sendo fácil de ser vencido por aqueles que se utilizam apenas de palanques. Falar este dotado de características como a reiteração e abrangência em períodos predeterminados de veiculação (períodos eleitorais), escapando, por conseguinte, dos limites e parâmetros daquilo que se compreende como liberdade discursiva. Some-se a este, o fato de se tratarem de pessoas jurídicas existentes em todas as regiões do país, com capital imune à tributação, enfim, todas estas características tem despertado a cobiça dos políticos profissionais, que a elas querem se coligar, e questionamentos por parte daqueles outros, ou ateus ou não ligados a nenhuma destas igrejas, que em alguns casos tem tornado os partidos políticos verdadeiras sucursais, gerando embates entre a liberdade religiosa e o voto livre e consciente, ambos princípios de matriz constitucional.

A primeira incursão das igrejas evangélicas na política se deu na década de 1960, através da denominação "O Brasil para Cristo", que elegeu um deputado federal em 1961 e um deputado estadual em 1966. Na Assembleia Nacional Constituinte de 1988, foram eleitos 31 deputados federais evangélicos, sendo que destes 18 eram pentecostais e 13 da Assembleia de Deus (DIP, 2018, p. 58). Foi especialmente após a Constituição de 1988 que surgiram os chamados "políticos de Cristo"[86], sendo os neopentecostais da IURD – Igreja Universal do Reino de Deus os que inauguraram esta nova forma de se fazer política, na qual as diretrizes são discutidas pela cúpula das igrejas. A influência iurdiana sobre as igrejas evangélicas é inegável, o que explica o porquê de agirem

---

86 É interessante notar como as igrejas neopentecostais, ao contrário da igreja católica de outrora, não tornam "segredo público" a relação Igreja/Estado.

Abuso do Poder Religioso nas Eleições

em bloco quando um "irmão" se candidata a um cargo eletivo, usando sua identidade religiosa como atributo eleitoral[87].

Seu líder mais conhecido, o Bispo Edir Macedo (2008, p. 139), concita a uma inserção no jogo político, sendo o poder religioso o trampolim usado para tal, ainda que sob as acusações de abusiva, um verdadeiro teocratismo justificado pelas teologias da prosperidade e do domínio[88], conforme visto, que são formas incisivas de maniqueísmo.

Ensina que, desde os primórdios da humanidade, o ser humano vem lutando por espaços, por domínio e estabelecimento de poder, e que tais disputas se valem de estratégias política, as quais, em sua visão, significam jeito, ideologia, habilidade, poder de mobilização e convencimento. Aduz ainda que há os agentes do mal e os representantes do bem, os quais acirradamente disputam o poder. E indaga: "Sendo assim, do ponto de vista de Deus, com quem você acha que Ele desejaria que estivesse esse poder e domínio? Nas mãos de Seu povo, ou não?[89] (MACEDO, 2008, p. 139).

87　Para Paul Freston (1994, p. 112), "o colapso do comunismo enfraqueceu a associação da esquerda com o ateísmo militante. Os partidos progressistas começaram a buscar novas bases sociais, sendo por isso o evangélico de esquerda considerado pouco espiritual na igreja e pouco ideológico no partido".

88　A Teologia da Prosperidade aponta o reconstrucionismo como sua face política.

89　"Dai, pois, a César o que é de César e a Deus o que é de Deus" (BÍBLIA, Mateus 22:21) foi programaticamente declarado por Jesus Cristo. Esta separação do político e do religioso não tinha sentido na Grécia, que não separava o cívico e o cultural, nem para o judaísmo, que unificava nação e religião. Como escreveu Régis Debray, citado por Anselmo Borges: "Em Jerusalém, Atenas e Roma o ritual cívico é religioso, e o ritual religioso é cívico". Para as três culturas que estão na base da nossa, alguém que estivesse fora da religião estava fora da Cidade ou do Povo. "Foi o cristianismo que inventou a religião como coisa à parte". Contra o preceito de Cristo que delimitou campos de poder, Constantino, apesar da sua "conversão" ao cristianismo, não esqueceu a divinização imperial e intrometeu-se nas questões da igreja, convocando concílios, condicionando ou mesmo determinando as suas decisões. O Papa Bonifácio VIII formulou a teoria das duas espadas, segundo a qual o Papa detém o poder espiritual e o temporal, mas, se exerce o primeiro diretamente, delega o segundo aos príncipes, que o exercem em representação do Papa. Para se defenderem dos Papas, os monarcas reivindicaram o

Ainda sobre o bispo Edir Macedo, se trata de uma figura personalista de seu líder, um homem aguerrido que, por conta própria, se tornou bispo, conferindo à IURD uma forte credibilidade, evitando entre seu público a crítica e a contestação. Eventuais divergências internas serão obra de satanás, que se incorpora em seus inimigos, os quais devem ser combatidos. Macedo é considerado, pela massa envolvida e pela mensagem apologética da instituição religiosa, como um modelo a ser seguido, pois lutou com fé dedicada, sentiu-se abençoado e venceu (FERRARI, 2004, p. 112).

Valendo-se deste discurso foi que as igrejas neopentecostais se imiscuíram na política, passando a utilizá-la a seu favor e na defesa de suas ideias, tendo o alcance do poder político como meta, amparadas no preceito bíblico: "Quando o justo governa, o povo se alegra, mas quando o ímpio domina, o povo geme" (BÍ-

---

direito divino dos reis. Mesmo Lutero afirmou o caráter divino de toda a autoridade estabelecida. A modernidade impôs a secularização, pondo fim a equívocos próprios da Cristandade e de césaro papismos. De acordo com autores que sustentam que a secularização é um fenômeno produzido pela fé cristã, é necessário afirmar que, ainda que, de fato, tenha tido de impor-se contra a igreja oficial, a secularização, no sentido da autonomia das realidades terrestres e concretamente da separação da igreja e do Estado, tem raízes bíblicas. O monoteísmo desdivinizou a política e os detentores do poder político. O profeta Ezequiel advertiu o rei de Tiro: "Tu és um homem e não um deus". Jesus deixou aquela palavra decisiva sobre Deus e César. Por isso, os cristãos opuseram-se frontalmente à divinização do imperador, proclamando que "só Deus é o Senhor" e recebendo em troca a acusação de ateísmo. Em ordem à dessacralização da política e à consequente separação da igreja e do Estado, foram decisivas as guerras de religião na Europa. De fato, só mediante essa separação, que significava a neutralidade religiosa do Estado, era possível a garantia da liberdade religiosa de todos os cidadãos sem discriminação. Com a desconfessionalização do Estado, os cidadãos tornaram-se livres de terem esta ou aquela religião ou nenhuma. É, porém, importante perceber que essa exigência não deriva apenas da necessidade do estabelecimento da paz política e civil, mas da natureza do cristianismo. A própria fé impõe essa separação. De fato, sem ela, espreita constantemente o perigo de idolatria, isto é, de confusão ou até de identificação entre Deus e a política. Um Estado confessional põe em causa a transcendência divina. Por outro lado, acaba por impor politicamente o que só pode ser objeto de opção livre. Por exemplo, ninguém nasce cristão, mas as pessoas podem livremente escolher o cristianismo. Só homens e mulheres verdadeiramente livres podem aderir à fé religiosa e a Deus". (BORGES, 2009, p. 34–35)

BLIA, Provérbios 26:12). Passaram, doravante, a proclamar, do alto de seus púlpitos, transformados em altares, terem a solução para os "demônios que atuam na política" (teologia do domínio) e para a preservação da moral religiosa, qual seja, oferecendo aos eleitores a opção de votarem em "homens de Deus"[90], os quais teriam a função de purificar a política do mal. Fato é que esta opção de votar em políticos tementes a Deus tem convencido eleitores, especialmente nas eleições para cargos proporcionais, mas também naquelas que visam o preenchimento de cargos majoritários, nas quais o rebanho é mais das vezes conclamado a apoiar certos candidatos desprezando outros.

As igrejas neopentecostais são, sem dúvidas, na atualidade, as principais instituições a influenciar nas opções políticas dos fiéis. A sociedade moderna tem pouco interesse por partidos políticos, e suas ideologias possuem nenhum ou ínfimo peso quanto à orientação do eleitorado, o que é um fato sociologicamente relevante, eis que, num passado recente, a filiação religiosa era um subproduto da identidade pessoal de políticos, hoje não mais sendo.

A taxa de sucesso eleitoral destas organizações religiosas não é em nada desprezível, superando a de qualquer organização social com interesses no jogo político como sindicatos, associações e, paradoxalmente, mesmo partidos (CARREIRO, 2017, p. 74). Evidentemente que não são todos os evangélicos que se interessam pela política partidária, parte significativa se incomoda com tamanha aproximação, sentindo certo desconforto ético/moral com deter-

---

90 "O povo de Deus tem que ficar atento nas próximas eleições, escolhendo os melhores candidatos. Se ficarmos indiferentes à política e não lutarmos pelos nossos direitos, os corruptos entrarão novamente. Sabemos das perseguições que a igreja do Senhor Jesus enfrenta, por isso, temos que votar em homens e mulheres de Deus para senador, deputado federal, estadual e governador. Quando tomarmos atitudes com sabedoria e votarmos em candidatos ungidos com o Espírito Santo, com certeza a história da política será outra". (OLIVEIRA, 2012, p. 04).

minadas posturas de suas lideranças, o que inclusive explicaria o fato de a Assembleia de Deus, apesar de possuir mais de 15 milhões de fiéis, segundo dados do IBGE, não ser detentora de uma representativa política equivalente (CARREIRO, 2017, p. 76).

Impressiona como estas confissões sequer precisam do horário eleitoral gratuito no rádio e na TV disponibilizado durante os pleitos, posto já possuírem público cativo durante o ano inteiro. Nesta sonância, não restam dúvidas que os 22,2% da população que representavam segundo o censo IBGE 2010, que correspondia, à época, a 27 milhões de votos, decidem eleições neste país continental (IBGE, 2012, *on-line*).

Se for tomada esta afirmação como ponto de partida e não como ponto de chegada da pesquisa, se terá o discernimento necessário para se compreender que a história não é simples de ser entendida quando está acontecendo, como agora, dificuldade que se superlativiza quando envolve política e religião. Fato é que esta participação das igrejas na política é sintomática e decorre da visível citada perda de importância dos partidos políticos na mediação sociedade/Estado dentro de nossa democracia representativa, que tem se expandido para *outsiders* e buscado espaços mais amplos da sociedade, como os movimentos sociais por exemplo, protagonistas do *welfare state.*

No Brasil, tal tendência se acentua dado nossa baixa institucionalização partidária. Soma-se a este cenário a forte penetração evangélica nos espaços sociais e culturais a tornar imprescindível a atuação política. É fato que nas regiões mais carentes das cidades brasileiras, referidas igrejas promovem programas sociais assistenciais, em suas sedes funcionam escolas, cursos supletivos, postos de saúde, e, a bem da verdade, para o bem ou para o mal, os exorcismos algumas das vezes substituem médicos e psiquiatras levando palavras de alento pavimentando a

Abuso do Poder Religioso nas Eleições

cura. Até mesmo desempregados se valem de sua condição de evangélicos para saírem na frente na por vezes irascível disputa por postos de trabalho, há relatos de donas de casas católicas que buscam evangélicas nas agências especializadas para trabalharem em seus lares. Isto para não falar naqueles que somente "aceitando Jesus" deixam de ser retaliados ao tentarem sair do mundo do crime, numa mistura entre sentimentos religiosos e senso de oportunidade daqueles que bem conhecem o mundo ao seu redor, enfim, mais das vezes, o convertido viveu e/ou viu faces bem cruéis da vida.

Entretanto, o uso e o abuso são medidos pela intensidade. Alguns destes religiosos, verdadeiros profissionais de púlpito, afiançando àqueles crentes de baixo nível de escolaridade terem o poder de expulsar os demônios "encostados" em suas vidas e na de seus familiares, transformam aqueles locais onde tantas das vezes se pratica o bem em balcões de negócios e/ou palanques, comprometendo o voto do rebanho em troca de benefícios pessoais ou coletivos. Para muitos daqueles, em nome de tronos a serem preservados não há ética, senão interesses[91]; fato é que, políticos evangélicos tem o dinamismo como característica, não sendo incomum trocarem de partido político com alguma frequência.

Dentre os pastores políticos, os da IURD logo se destacaram. E não poderia ser de outro modo, por uma série de fatores, como: a proporção de crentes na população; a capacidade de mobilização de seu líder, sua centralidade e capacidade de coordenação eleitoral que a tornam uma potencial força política com base eleitoral preexistente.

---

91 A propósito, escreveu Paul Freston (1994, p. 123): "Para certos setores, é o mote principal da política evangélica hoje: a eleição de um presidente evangélico, tomar posse não só do dinheiro dos ímpios (como adeptos da teologia da prosperidade gostam de dizer), mas do poder dos ímpios. As decisões nacionais não mais serão tomadas por pessoas que fazem despachos e beijam imagens".

Peterson Almeida Barbosa

O voto evangélico, por óbvio, não possui as mesmas características, estando longe, naturalmente, de ser uníssono, porém, não se permite uma atuação independente de seus políticos, os quais devem estar alinhados à política hierárquica da igreja, sob pena de serem extirpados do seu quadro político e, por consequência, religioso. Há uma relação horizontal muito rígida dentre os evangélicos, não são os fiéis que escolhem seus candidatos, senão ao contrário, apenas homologam a escolha da oligarquia clerical centralizada que age, indubitavelmente, de forma autoritária e com evidente abuso deste poder religioso (vide próximo tópico desta obra). Não são consideradas as vontades dos membros e fiéis, senão tal escolha é uma prerrogativa exclusiva dos dirigentes a nível regional e nacional, sendo aquilo que se pode chamar de uma "candidatura oficial", na qual o cidadão que é ungido pelos bispos não tem outra coisa a fazer senão aceitar a unção[92], passando doravante a ser encarado como o "sal da terra", a solução para os problemas daquela comunidade, olvidando da advertência constante da Bíblia Sagrada ao discorrer acerca do "domínio sobre a vossa fé" (BÍBLIA, Coríntios 2 1:24).

---

92 Sobre o tema, vale a citação do escólio de Geórgia Gomes (2010, p. 145): "Inicialmente com um prazo hábil anterior à data dos pleitos, a IURD procede a uma campanha entre seus fiéis, dirigida especialmente aos jovens de 16 anos, no sentido de obterem seus títulos eleitorais, efetuando uma espécie de recenseamento de seus membros/fiéis no qual figuram seus dados eleitorais. Posteriormente, estes dados são encaminhados aos bispos regionais, que, por sua vez, os transmitem ao bispo coordenador do setor de política de igreja". Ainda: "Juntos deliberam quantos candidatos lançam em cada município ou estado, dependendo do tipo de eleição, baseados no quociente eleitoral dos partidos e no número de eleitores recenseados pelas igrejas locais. Uma vez lançados os candidatos, usam os cultos, as concentrações em massa e a mídia própria (televisão, rádio, jornal) – de acordo com a legislação eleitoral – para fazer publicidade dos mesmos". Em complemento, o ex-deputado federal Carlos Rodrigues (PL–RJ), um dos bispos e fundadores da IURD, admitiu, em entrevista, que o governo eclesiástico "é uma ditadura", para ele, "democracia dentro de igreja não funciona" (FONSECA, 2002, p. 222–223). Por conseguinte, o acesso ao sagrado, à hierarquia eclesiástica e mesmo ao poder político não são em nada democratizados.

O voto evangélico ainda leva outra vantagem, é barato! Isabel Cristina Veloso de Oliveira (2012, p. 112) fez uma pesquisa comparativa entre os gastos da bancada supra partidária evangélica e os de políticos eleitos por outras bancadas agrupadas, como ruralistas, feministas e sindicalistas, assim como comparou com os gastos de outros deputados eleitos independentemente de bancada. A conclusão a que chegou é que os deputados evangélicos, notadamente os pertencentes às igrejas neopentecostais, apresentaram o melhor custo/benefício, deixando, portanto, inconteste sua eficiência na apresentação de suas candidaturas, cujos custos foram reduzidos por conta de sua vinculação àquelas identidades religiosas, além de atuarem de uma maneira bastante corporativista ou institucionalizada quando no Parlamento.

Outra característica do eleitor evangélico é ser advindo de moradores de regiões carentes de políticas públicas, desde as comunidades cariocas ao semiárido nordestino, sendo os trabalhos assistenciais das confissões mais das vezes os únicos aos quais aquelas comunidades têm acesso.

Sobre os candidatos evangélicos, a Assembleia de Deus apresentou um "Projeto Político Cidadania" no qual lista as exigências a serem observadas por aqueles, muito mais focadas no carisma pessoal que propriamente na inteligência, instrução ou cultura, a saber. Seriam estas as exigências: estar na igreja há mais de três anos; dar público e notório testemunho cristão; desfrutar de bom conceito na comunidade (a imagem é uma arma valorizada); exercer liderança comunitária; conhecer a base doutrinária da igreja; ser submetido aos pastores e líderes para indicação; ser credenciado pela convenção estadual; assinar termo de compromisso com a denominação no qual estariam explicitados seus deveres e direitos como representante; ter comprometimento ético e moral cristãos[93].

Sobre as escolhas, as igrejas divergem um pouco. A IURD, assim como as neopentecostais pós macedinas (leia-se, pós Edir Macedo) tem um projeto político totalitário, a apresentação aos crentes dos candidatos a cargos políticos ocorre de cima para baixo, sem direito a contestações. Já as igrejas protestantes históricas (também chamadas de Reformadas) seriam democrático-representativas. As episcopais seriam mais por sucessão, a indicação dos bispos dependeria do acolhimento dos demais. É comum ainda nas pentecostais, pastores irem colocando seus filhos na linha sucessória, seja na política ou mesmo na igreja.

É traço comum o recurso a citações bíblicas como forma de justificar certos posicionamentos políticos; os pastores que ingressam na política adotam, quase que como regra, o discurso messiânico. Da mesma forma como os líderes, divulgam, de forma incisiva, entre seus fiéis, em quem deveriam votar[94], e com a mesma ênfase elevam seus candidatos, num possível abuso do inegável poder religioso que detém.

Algumas igrejas, como a Assembleia de Deus e a igreja do Evangelho Quadrangular, por exemplo, inicialmente permitiram aos seus seguidores uma escolha mais livre, entretanto, vislumbrando o sucesso da IURD, passaram a exercer uma maior pressão sobre aqueles seguidores, levando-as a, tal qual a IURD, terem suas práticas questionadas pelos partidos concorrentes

---

93 Nem sempre honrado, considerando os escândalos financeiros no qual alguns se envolveram, a exemplo do Deputado Valdomiro Diniz, o que contribuiu para piorar a imagem que se tinha dos pastores políticos como um todo, levando muitos a insucessos em suas mais recentes campanhas.

94 Viralizou nas redes, à época das Eleições de 2014, vídeo do pastor Silas Malafaia, no qual elencava 5 motivos para não se votar na então candidata Dilma Rousseff e sim no então candidato Aécio Neves.

Abuso do Poder Religioso nas Eleições

junto à Justiça Eleitoral que, ante a lacuna legislativa da figura do abuso do poder religioso, as imputa a prática de abuso de poder de autoridade, numa questionável contrariedade à tipicidade estrita própria das normas sancionatórias, como, aliás, já bem decidiu o próprio TSE no Recurso Especial 287–84.

Por tais características é que o voto evangélico vem sofrendo fortes críticas, situação que é favorecida por conta de nosso sistema político-eleitoral, apontado como contributo para o mencionado crescimento, o que é comprovado pelo fato do *boom* das igrejas neopentecostais também ter ocorrido em países do continente sul americano sem que, no entanto, fosse acompanhado do crescimento na política, a exemplo do Chile.

Dessa forma, explicando o suso abordado: é que, o sistema proporcional de votação adotado no Brasil, com lista aberta, em que a unidade de votação é um Estado inteiro, aumenta as chances de uma minoria geograficamente dispersa. Os distritos nacionais têm um grande calibre eleitoral[95] e uma relevante fragmentação partidária (partidos fracos e não ideológicos), o que propicia a participação de diversos grupos[96]. Por fim, o sistema eleitoral brasileiro oferta um considerável número de vagas disponíveis para cargos proporcionais, além de grande porosidade, o que torna relativamente fácil a obtenção das cadeiras, especialmente no Parla-

---

95 A distribuição de candidatos em distritos distintos para que não disputem território faz parte da estratégia política. Mobilizando territorialmente o eleitorado, cada templo é designado para realizar campanha para determinado candidato. Isto nada mais do que transformar fiéis em eleitores.

96 Segundo o site do Tribunal Superior Eleitoral o Brasil tem hoje 35 partidos políticos ali registrados, e outros 75 em processo de formação, ou seja, estas legendas já obtiveram um mínimo de 101 fundadores e já comunicaram ao TSE que estão devidamente registradas como pessoas jurídicas em cartórios de registro civil. Este número é absolutamente sem precedentes a nível mundial, é até de se questionar se há tantas ideologias assim. A bem da verdade, são grupos de interesse que buscam o registro como partidos políticos sabe-se lá com quais objetivos. Já houve até mesmo certo "Partido Corintiano Brasileiro" que, felizmente, teve o seu registro negado.

mento. Para os partidos que se aliam, é também interessante, já que ter um evangélico na disputa significa aumentar a quantidade de votos religiosamente motivados, partindo-se do pressuposto que este candidato tem uma base eleitoral na sua congregação[97] dotada de capacidade organizacional que calcula quanto candidatos pode lançar e eleger a cada pleito. A partir deste cálculo a comunidade é dividida, capitaneando-se, de forma quase que precisa, os votos dos teístas para os candidatos oficiais específicos.

A adoção de nomes bíblicos ou alguma denominação clerical como "pastor", "bispo" ou "irmão" é prova da importância que pertencer à determinada igreja tem na hora do voto. De acordo com dados do Tribunal Superior Eleitoral, candidaturas com nomes de religiosos cresceram 11% com relação a 2014, ano em que foram registrados 489 candidatos. Só utilizando o nome "pastor" houve um aumento de 70% entre as eleições de 2010 e 2014, ademais, a ocupação de sacerdote é a profissão mais exitosa nas eleições para vereador. Todavia, há candidatos que, em que pese possuam um nome religioso, optam por não o incluir na urna, seja porque já tem reconhecimento político suficiente, seja porque assim evitariam a rejeição que poderia advir dos seguidores de outras religiões, dos ateus etc. (OLIVEIRA, 2014, *on-line*).

Com relação a sua atuação parlamentar, verifica-se, nestes "pastores políticos" certo amadorismo, mesmo certa mesquinhez no proceder, barganhando os votos de seus fiéis em troca de

---

97 A então candidata à Presidência da República Dilma Rousseff, durante suas campanhas, visitou igrejas evangélicas, chegando a divulgar um documento intitulado "Carta Aberta ao Povo de Deus", por meio do qual se comprometia a delegar ao Congresso Nacional a tarefa de encontrar uma posição que fosse a majoritária no concernente aos valores éticos e morais propugnados por aqueles como o aborto, as uniões estáveis e homoafetivas, dentre outros. Já o atual Presidente da República, Jair Bolsonaro, em meio à pandemia provocada pela COVID-19, em abril de 2020, chegou a sugerir "um dia inteiro de jejum e oração", convertendo sua fé em um ato oficial e ferindo de morte a cláusula de separação Igreja/Estado.

miudezas. Observa-se ainda forte tendência a uma postura mais governista, independe da posição ideológica do governante de plantão, numa clara visão pragmática vigente no seio da instituição. O objetivo indisfarçável é que, uma vez próximos ao poder, suas pautas sejam aprovadas com maior facilidade, muito graças à atuação da FPE – Frente Parlamentar Evangélica, fenômeno tipicamente brasileiro, com parlamentares das mais diversas agremiações, apenas "unidos pela fé". Esta frente, desde a abertura democrática, vem elegendo seus representantes com negociações que passam pelas esferas inferiores (estadual e municipal); a partir destas representações, tem obtido aquilo que deseja.

Apesar disto, é questionável a existência dessa bancada, já que os parlamentares que a compõem não votam em bloco, e, portanto, não são um grupo coeso, dotado de homogeneidade no discurso político. Por outro lado, é fato que o perfil ideológico tem pouca importância já que, para eles, importa o resultado, em que pese temam que um regime esquerdista interfira no sistema religioso de livre mercado no qual prosperam.

Há igrejas que lançam candidatos por diversos partidos, num processo avançado de eliminação deste intermediário entre elas e o poder. Assim agindo, tornam-se, de certa forma, por paradoxal que possa parecer, "currais eleitorais"[98], colocando à disposição daqueles a sua estrutura religiosa, assistencial e midiática, o apoio da força dos cultos, o sentido exorcizador que imprimem aos votos, vistos por políticos de plantão como excelentes armas de combate.

---

98 A expressão "curral eleitoral" é contestada por autores como Isabel Veloso (2012, p. 56), para quem, ao fazê-lo, desconsidera-se a possibilidade desses eleitores estarem agindo racionalmente ao optarem por um determinado candidato pertencentes ao seu grupo religioso, alinhando-se à teoria da escolha racional desenvolvida por Kenneth Arrow (1963).

Outra prova da importância deste poder midiático como moeda de troca política foi a presença, na legislatura 2003/2007, de 4 representantes da IURD, dentre os 12 representantes de igrejas evangélicas que compunham a CCTCI – Comissão de Ciência e Tecnologia, Comunicação e Informática; da Câmara Federal (CÂMARA, 2020, *on-line*). Fato é que hoje quase um terço das concessões de televisão no Brasil pertencem a emissoras religiosas[99]. A obtenção de espaços para a construção de templos e a transformação de eventos religiosos em culturais para a obtenção de verbas públicas são outra pauta destes líderes religiosos no Parlamento.

Sobre projetos que tramitam e que são do interesse desta bancada, em que pese não necessariamente com foco na moral senão no domínio, destaca-se o PL 6.596/2016, que "Reconhece como manifestação cultural toda manifestação gospel" e o PL 6.609/2013, que "Dispõe sobre a autorização para desconto em folha de pagamento de doações para entidades religiosas ou assistenciais sem fins lucrativos", além de outro que prevê que as doações feitas às igrejas possam ser descontadas do Imposto de Renda[100]. Além destes, há o PEC n.º 203/1995, que, visando a ga-

---

99 Segundo dados da ANCINE – Agência Nacional do Cinema, das 34 redes de televisão em operação no Brasil, 14 pertenciam a este grupo religioso.

100 O atual governo, através da Secretaria da Receita Federal, ao tentar criar uma nova Contribuição Previdenciária, tributo que incidiria sobre todas as transações financeiras, bancárias ou não, com alíquota de 0,9%, tentou incluir os dízimos dos fiéis que contribuem, no que pronta e expressamente foi desautorizada pelo Presidente da República, cedendo aos reclamos da forte bancada evangélica atuante no Congresso Nacional. Noutra prova do poder político, foi aprovado, no dia 04 de dezembro de 2019, o PL 55/2019, que muda a Lei Complementar 160/2017, garantindo a prorrogação, por mais 15 anos, a contar de 2017, da isenção de ICMS conferida aos templos religiosos, garantindo a possibilidade de os Estados darem isenções, incentivos e benefícios fiscais, ou financeiros, a quaisquer templos religiosos e entidades beneficentes de assistência social. Por fim, em mais um exemplo de utilização do poder político em benefício das confissões, o deputado federal David Soares (DEM – SP), filho do missionário R.R. Soares, fundador da igreja internacional da graça de Deus, cofundador da IURD e cunhado do bispo Edir Macedo, pressionou o atual Presidente da República Jair Bolsonaro a fornecer

Abuso do Poder Religioso nas Eleições

rantia e manutenção do poder midiático da organização, tenciona intervir nas leis de radiodifusão permitindo que igrejas, sem fins lucrativos, possam ter até 30% do controle acionário sobre empresas de radiodifusão, o qual obteve, à época da primeira votação, o expressivo número de 406 votos favoráveis em plenário,

Há ainda projetos que pretendem alterar o preâmbulo da Constituição Federal para que venha expresso que "Todo poder emana de Deus", afora as incontáveis propostas de concessão de título de utilidade pública a igrejas como forma de torná-las aptas a receberem verbas públicas. A nível mais rasteiro (municipal) a atuação passa até mesmo por garantir a preservação de templos construídos irregularmente. Chama ainda a atenção como alguns projetos, inclusive, não têm sequer fins religiosos e são defendidos, como a redução da maioridade penal. Por conta do citado dissenso com relação aos outros temas é que a denominação "bancada evangélica" é objeto de resistências, embora a Frente Parlamentar Evangélica do Congresso Nacional exista formalmente.

No Congresso Nacional o aumento no número de fiéis foi seguido no número de representantes, existindo, na última legislatura, cerca de 98 parlamentares vinculados à Frente Parlamentar Evangélica[101] mais que o dobro que em 2003. Há registro de cerca

---

uma solução para as dívidas tributárias que a mencionada igreja possui com o Fisco, tendo o mandatário ordenado ao secretário especial da Receita Federal José Barroso Tostes Neto que "resolvesse o assunto", qual seja, uma dívida que acumula R$ 144.000.000,00 (cento e quarenta e quatro milhões de reais) em débitos inscritos na dívida ativa da União. (TOMAZELLI; FERNANDES, 2020, *on*-line)

101 Sobre estes números, um esclarecimento se faz necessário. É que existe a chamada "Bancada Evangélica ou Religiosa", que não é maioria na Câmara, possuindo apenas 75 Deputados Federais, ou 14,6% do total de 513, abaixo inclusive do número de evangélicos no Brasil, o qual oscila na faixa dos 22,2%. Entretanto, há também na Câmara a chamada "Frente Parlamentar da Família e Apoio à Vida", esta sim é grande, influente e representativa de um percentual além do número de evangélicos no Brasil, já que congrega 202 Deputados, além do expressivo número de 26 Senadores da República.

de 15 denominações evangélicas ali representadas, sendo destas 11 pentecostais. No Executivo, também se verifica uma elevação, só o PRB – Partido Republicano Brasileiro, ligado à Igreja Universal do Reino de Deus[102], que inclusive forma suas bases dentro dos templos, conseguiu eleger, em 2016, 106 prefeitos, número 33% maior que em 2012, sendo um deles inclusive eleito para a prefeitura do Rio de Janeiro – RJ, a segunda maior metrópole deste país. De se observar ainda que, nas eleições de 2014, o PSC – Partido Social Cristão, próximo à Assembleia de Deus[103] apresentou a primeira candidatura confessional à Presidência da República. Um dos líderes de maior expressão da FPE é o ex-presidente da Câmara Federal Eduardo Cunha, um verdadeiro gângster religioso condenado por corrupção. O Bispo Robson Rodovalho, líder da igreja neopentecostal Sara Nossa Terra, publicou uma carta sintomática intitulada "Antes pedintes, hoje negociadores", que descreve bem o momento político ora vivido[104].

---

102 Pesquisas que apontam que, dentre as igrejas neopentecostais a IURD desponta como a que detém maior influência na escolha do voto dos fiéis, atingindo o assombroso número de 47% afirmarem seguir as orientações, indicativos evidentes da disciplina denominacional da membresia e do poder carismático de seus líderes. (ROCHA, 2020, *on-line*)

103 O então deputado federal Jair Bolsonaro (PSC – RJ), atual Presidente da República, tornou-se membro da Assembleia de Deus de Madureira, sendo inclusive batizado nas águas do Rio Jordão, em Israel, pelo Pastor Everaldo, ex-candidato à Presidência da República por aquele mesmo partido, tudo isto em que pese se declare católico.

104 Ricardo Mariano (1999, p. 78) vaticina: "Ao substituir a velha máxima "crente não se mete em política" por projetos eclesiásticos corporativistas, radicados no slogan "irmão vota em irmão", entrariam de "corpo e alma" no jogo político. Avidamente cortejados e assediados por partidos e candidatos, vários desses "irmãos" passaram a trocar voto e apoio eleitoral por cargos, recursos, favores e concessões – sempre públicos – de toda espécie". Esse cortejo dos políticos ao público evangélico é perceptível e inegável. A classe política percebeu que as comunidades evangélicas são detentoras de votos suficientes para elegê-los, e consideram o fato de terem perdido as rejeições de outrora aos políticos, naquilo que para alguns é considerada uma flagrante perda da conscientização bíblico política.

No que se refere à sua atuação, seja no Parlamento, seja no Executivo, o único consenso que se verifica é quanto às pautas de ordem moral, a alegada defesa de princípios e valores, sendo doutrinado aos fiéis ser importante votar em candidatos evangélicos para que "projetos imorais" não sejam votados ou sancionados. Como exemplos, tem-se a criminalização do aborto[105] (PEC 181/2001, que prevê o início da vida com a concepção) e a união civil de homossexuais[106] (para eles um pecado, uma atividade diabólica, porém uma doença "curável" mediante exorcismos)[107] na medida em que os neopentecostais se consideram uma espé-

---

105 Nesse sentido, conferir o Estatuto do Nascituro (PL 478/2007), de autoria dos então Deputados Luiz Baruna (PT – BA) e Miguel Martini (PHS – MG).

106 Soa incongruente queixar-se quando a liberdade religiosa é supostamente atingida pela Justiça Eleitoral e não permitir a liberdade sexual. A liberdade não pode ter dois pesos e duas medidas, muito menos ser parcial.

107 O tratamento chamado de "cura gay" foi proibido pelo Conselho Federal de Psicologia desde 1999. Para os especialistas, a homossexualidade não pode ser tida como uma patologia, como, aliás, a própria Organização Mundial de Saúde já se pronunciou desde 1990. Referido projeto é o de número 4.931/2016, de autoria do deputado Ezequiel Teixeira (Pode – RJ), o qual propõe que, por decreto legislativo, possa ser autorizada a aplicação de uma série de terapias com o objetivo de "auxiliar a mudança da orientação sexual, deixando o paciente de ser homossexual para ser heterossexual, desde que corresponda ao seu desejo". Na justificativa, está informado que "a homossexualidade causa diversos transtornos psíquicos". Ou seja, o inimigo, que na redemocratização era vermelho, agora veste as cores do arco-íris. Ainda sobre o tema, é oportuna a citação de Bruna Suruagy, autora da tese de doutorado "Religião e política: ideologia e ação da "Bancada Evangélica na Câmara Federal", para quem a atuação dos parlamentares evangélicos vai mais ao sentido de preservação de um *status quo* do que de criação de novas leis: "É uma atuação ideológica se posicionar contra projetos inovadores, transformadores. É uma ação combativa defender uma ordem social hegemônica. Os projetos estão surgindo para fazer frente a projetos que estão em andamento, por exemplo, com relação a projetos do grupo LGBTQ. Criminalização da homofobia (implicaria) criminalização da heterofobia, o que é um estapafúrdio. Eles (os parlamentares evangélicos) são contra a discussão de gênero, a favor do ensino religioso, contra todos os projetos pedagógicos e educativos que combatem qualquer tipo de discriminação de gênero, sexual" (DIP, 2018, p. 50) Por fim, observe-se, por oportuno, o Levítico 20:13, sempre citado pelos defensores da cura gay, que manda matar o homem que se deitar com outro homem, em mais uma interpretação equivocada do texto sagrado.

cie de reserva moral da sociedade[108]. Por pitoresca e emoldurada ao contexto sob análise, cito a Lei n.º 1.271/88, do município do Rio de Janeiro – RJ, a qual, em seu art. 3º, instituiu que a municipalidade dará todo o apoio às festividades religiosas em louvor ao padroeiro da cidade, e, não se contentando, determinou a participação obrigatória do Prefeito e do Presidente da Câmara de Vereadores nas referidas festividades!

No atinente à economia, pesquisa do Instituto Datafolha de 2015, realizada com 289 deputados e 51 senadores, nestes inclusos os da FPE, apontou que 85% dos parlamentares neopentecostais defendiam uma menor intervenção do Estado na economia, e 87% a diminuição por parte do Governo dos benefícios sociais que distribui à população. De outra banda, 59% defendiam o porte de arma de fogo pelo cidadão e 95% eram a favor da criminalização do uso das drogas (ÉPOCA, 2015, *on-line*). Entretanto, é bom que se frise, não consta que tais temas sejam verdadeiramente uma preocupação desses parlamentares, sendo a maioria limitado às temáticas religiosa e moral, o que demonstra, além de certa despolitização, uma quase que privatização da política, na medida em que as políticas públicas[109] estariam sendo conduzidas à luz da moralidade cristã.

---

108 Sobre a "tese", conferir o Estatuto da Família (PL 6.583/2013), o qual dispõe que "o núcleo social é formado a partir da união entre um homem e uma mulher por meio de casamento ou união estável, ou ainda por comunidade formada por qualquer dos pais ou descendentes", em que pese o IBGE aponte que outros arranjos familiares constituem 50,1% dos lares brasileiros, existindo no país 19 laços de parentesco.

109 Acerca deste ponto, é interesse a denominação de "politicas mistas" cunhada por Maria Cláudia Bucchianeri Pinheiro (2008, p. 485), as quais seriam aquelas matérias "que possuem forte coloração religiosa, mas que se projetam, por igual, nas esferas pertinentes à saúde pública, ao biodireito, à igualdade de gênero e à livre orientação individual".

3.2 Os Riscos de a Imunidade Tributária Desigualar as Disputas Eleitorais

Para entender a razão de ser da concessão de imunidade tributária aos templos de qualquer culto no Brasil, prevista na Constituição Federal em seu art. 150, VI, é imprescindível que se compreenda a origem daquele instituto, através de um mergulho raso na História, como sói ocorrer. Inicialmente, a visão era do Estado patrimonial, no qual os pobres não eram imunes aos tributos, senão ao contrário, grande parte do fruto de seu trabalho, daquilo que representaria o seu lucro, era transferido, por bem ou por mal, à Coroa. Era o chamado "quinto" (1/5 da produção), que originou a expressão "quinto dos infernos", inferno, leia-se: colônia.

Literalmente extorquidos, a assistência social lhes era concedida pela nobreza (os católicos ricos) – que não pagava prestação alguma – e pela Igreja, leia-se, a Católica, a qual, *mutatis mutanti*, era isenta, numa espécie de "compensação". Desta estrutura injusta e atentatória à liberdade e à dignidade humana, evoluiu-se, alcançando-se conceitos mais humanos, a partir dos ventos que sopraram da Revolução Francesa (todos eram iguais, todos teriam que ingressar no sistema contributivo), da teoria do Estado Democrático de Direito (Bem Estar Social), passando pelas Declarações Universais dos Direitos Humanos, até a Agenda 2030 da Organização das Nações Unidas.

Ocorreu que o Brasil deixou de adotar a secularidade passando a adotar a laicidade, a partir da CF de 1891 (vida capítulo I desta obra), não sendo mais o catolicismo a religião oficial. Desde então, todos os constituintes garantiram a liberdade de crença, de sorte que a concessão da imunidade tributária funciona como o garante daquele direito fundamental. Imunes, os templos de qualquer culto poderiam viabilizar o bem estar social através de suas atividades assistenciais.

Ademais, a imunidade tributária visa fomentar o espaço religioso plural desejado pela Carta Política, com as religiões institucionalizadas convivendo em plena harmonia, para tanto sendo importante que estejam bem capitalizadas, sobretudo as minoritárias, as quais são as mais carentes de recursos. Outrossim, é oportuno não se olvidar que a imunização se refere a impostos, não alcançando taxas e contribuições, além do patrimônio das entidades que esteja desvinculado de suas atividades essenciais (art. 150, $\S4^o$ da CF).

A partir deste estudo, questão que não se pode deixar de enfrentar é o conceito de templo[110]. O que primeiro vem à mente é que se trata do prédio fisicamente considerado, entretanto, não são apenas os edifícios destinados à celebração pública dos ritos religiosos, isto é, os locais onde o culto se processa, senão também os seus anexos, como, por exemplo, a residência do pároco ou pastor, o convento etc., desde que não sejam empregados com fins econômicos.

É imprescindível ainda que referida imunidade se estenda a todas as religiões, pois é cediço que muitos terreiros de umbanda e candomblé, por exemplo, não possuem registro em cartório, não tendo via de consequência assegurada sua imunidade tributária, além de seus ministros não conseguirem inscrição no sistema de seguridade social.

Outro enfrentamento inevitável para se caracterizar a imunidade tributária é definir aquilo o que seja culto, que é entendido como sendo uma manifestação de religiosidade, de fé. Na

---

110 O conceito de templo, de fato, ainda não está construído a nível jurisprudencial, para tanto se veja o RE 578562, Rel. Min. Eros Grau, no qual restou assentado inclusive que cemitérios sem cunho comercial se consubstanciam em extensões de entidades de cunho religioso enquadrando-se, portanto, no conceito de templo, até mesmo para fins do disposto no art. 150 da CF.

tentativa de conceituá-lo lançou-se Priscilla Ferreira Nobre Rocha (2010, p. 34), vaticinando que "a verdadeira diferença entre as confissões religiosas e as demais entidades, públicas ou privadas, é o culto como atividade predominante das primeiras. Este é o critério para a identificação de uma confissão". Realmente, as instituições religiosas exercem atividades as mais variadas, consoante sói explicitado, no entanto, sua atividade principal e predominante é, ainda, o culto.

Na sequência, outro questionamento inafastável é se a imunidade deve abranger todo o patrimônio, renda e serviços das confissões. A Receita Federal do Brasil entende que a *holding* empresarial criada por algumas confissões não estaria encoberta nesta fachada eclesial, não podendo, por conseguinte, ser utilizada para sonegar impostos, evasão de divisas etc., numa verdadeira usurpação da legislação brasileira com relação às instituições religiosas. De igual forma, o dinheiro arrecadado nos cultos, proveniente dos dízimos e das ofertas, não poderia, sob esta ótica, ser utilizado para a remuneração de dirigentes das aludidas *holdings*, compra de emissoras de TV e rádio, veículos[111], empresas etc.

Na prática, considerando o patrimônio, a renda e os serviços, não há a incidência dos seguintes impostos: IPTU (Imposto Predial Territorial Urbano) sobre o prédio utilizado para o culto; IPVA (Imposto sobre a Propriedade de Veículo Automotor) sobre os veículos utilizados no trabalho eclesiástico – o "templo móvel" sublinhado pelos tributaristas; ITBI (Imposto sobre Transmissão de Bens Imóveis) sobre a aquisição de imóvel destinado ao templo; IR (Imposto de Renda) sobre as doações e dízimos dos fiéis, e, por

---

111 O ex-presidente da Câmara de Deputados Eduardo Cunha (PMDB – RJ), condenado por peculato, tinha uma empresa com o sugestivo nome de "Jesus. com" em nome da qual vários veículos estavam registrados, constantes inclusive de sua declaração de renda.

fim, o ISS (Imposto sobre Serviços) sobre os serviços religiosos, consoante, aliás, já decidiu o Supremo Tribunal Federal:

> EMENTA: Recurso extraordinário. 2. Imunidade tributária de templos de qualquer culto. Vedação de instituição de impostos sobre o patrimônio, renda e serviços relacionados com as finalidades essenciais das entidades. Artigo 150, VI, "b", e §4º, da Constituição. 3. Instituição religiosa. IPTU sobre imóveis de sua propriedade que se encontram alugados. 4. A imunidade prevista no art. 150, VI, "b", CF, deve abranger não somente os prédios destinados ao culto, mas, também, o patrimônio, a renda e os serviços "relacionados com as finalidades essenciais das entidades nelas mencionadas". 5. O §4º do dispositivo constitucional serve de vetor interpretativo das alíneas "b" e "c" do inciso VI do art. 150 da Constituição Federal. Equiparação entre as hipóteses das alíneas referidas. 6. Recurso extraordinário provido. (STF, 2017, *on-line*)

Pela decisão, por conseguinte, o conceito de templo é de ser interpretado de maneira bastante alargada. Dito isto, vê-se que o problema se complica quando se pretende estender estas imunidades subjetivas, é dizer: elas têm limites? Se sim, quais? No caso do IPTU, por exemplo, qualquer imóvel pertencente à entidade religiosa estaria imune?

É cediço que o princípio da livre concorrência é corolário do da livre iniciativa, donde se pode concluir que, se uma determinada entidade religiosa possui vários imóveis, e goza da imunidade referente ao IPTU, isto afetaria a livre concorrência, prejudicando a quem não faz jus ao benefício da imunidade. A entidade religiosa, nesta hipótese, estaria fugindo de sua atividade fim, seria praticamente uma "imobiliária". O mesmo ocorrendo acaso tivesse uma verdadeira frota de veículos com o intuito de locação, situação na qual não lhe seria lícito pleitear isenção do IPVA.

As confissões religiosas, portanto, quando agem além de suas funções próprias enquanto entidades religiosas ou em atividades institucionais, passando a ser geridas como empresas comerciais ou industriais, adquirindo e/ou alienando bens e serviços, recorrendo ao financiamento estatal, em atividades de ensino, hospitalar, na exploração comercial de shows gospel, livros e discos especializados, serviços de tele e rádio difusão etc., e auferindo lucros por via de consequência, que é o fim natural e buscado por quaisquer daquelas atividades, não podem se utilizar do manto religioso para persistir imunes.

Pode-se ver, portanto, que a atuação no Parlamento dos "pastores políticos" é, sobretudo, focada na mantença da imunidade tributária prevista na CF (art. 150, VI). O entendimento daqueles pastores é que cobrar tributos da igreja é bitributar, na medida em que os fiéis já contribuem para impostos com os descontos na fonte que são feitos em seus salários e proventos, tendo as igrejas uma missão que transcende uma instituição comum, posto que lhes cabe acolher as pessoas lhes dando suporte em seus momentos de dificuldade, numa cumplicidade sem disfarces com as atribuições estatais, restando, portanto, uma certa confusão generalizada entre o que seja uma instituição religiosa e o reino de Deus, flagrante retorno à era medieval.

Há, contudo, extrema dificuldade em separar tais atividades, e para complicar mais ainda o Supremo Tribunal Federal entendeu que à Administração Tributária é de ser imposto o ônus probatório, na medida em que a imunidade não pode ser vista como um favor fiscal senão como um direito fundamental; fiscalização que se estende às obrigações acessórias criadas às confissões religiosas. Nesse sentido, "compete à Administração Tributária demonstrar a eventual tredestinação do bem gravado pela imunidade, não cabe à entidade demonstrar que utiliza o bem em conformidade com as suas finalidades institucionais" (STF, 2014, *on-line*).

A decisão impõe, portanto, uma obrigação inarredável ao Fisco, de sorte que, a solução, que parece ser a única aceitável, é que estas confissões, em que pese possam invocar a liberdade religiosa para definir suas atividades, estejam condicionadas, em linha de princípio, pela natureza jurídica das atividades que escolheram, ou seja, pelas normas de natureza civil, comercial, administrativa e, sobretudo, fiscal.

É dizer, na prática, que enquanto templo o Estado não pode cobrar-lhe tributos, porém, no momento em que tal agremiação religiosa adquire uma concessão de rádio ou TV, publica um livro ou lança um CD, atuando em franca atividade comercial, não há fundamento para invocar a imunidade tributária de matriz constitucional, a não ser que possa comprovar que o valor auferido foi inteiramente revertido em prol de suas atividades essenciais e desde que respeite o princípio da livre concorrência.

Da mesma forma, confissões religiosas, que naturalmente são detentoras de forte poder aquisitivo por conta de gozarem de imunidade tributária, não podem financiar partidos políticos, por expressa proibição a candidatos de receber, direta ou indiretamente, doação em dinheiro ou estimável em dinheiro procedente de entidades religiosas (art. 24, VIII da Lei n.º 9504/97), inclusive por meio de publicidade de qualquer espécie, estando caracterizado o abuso de poder econômico caso ocorra, como forma de se garantir a igualdade entre candidaturas religiosas[112] e não religiosas.

O que a legislação eleitoral busca, por óbvio, é evitar que as entidades religiosas se embrenhem de forma umbilical no proces-

---

112 Há grupos de religiosos que sustentam serem inviáveis candidaturas "puro sangue", assim entendidas aquelas eminentemente religiosas, defendendo, destarte, as coligações partidárias com as mais diferentes agremiações políticas.

so eleitoral que ocorre no Brasil a cada 02 (dois) anos em média, inclusive elegendo inúmeros candidatos a elas ligados, se tornando, no mais das vezes, sucursais ou braços estendidos das agremiações partidárias, reduzindo-se, consequentemente, a "igrejas de fachada", não importando se como vistosas catedrais ou como "garagens divinas", como algumas são chamadas, dada a facilidade com que são registradas nas Juntas Comerciais deste país.

É muito grande, por conseguinte, o risco que a imunidade tributária que infla os bolsos das igrejas seja utilizada como meio ilegal de financiamento de campanhas políticas, considerando ainda que a fiscalização exercida pela Justiça Eleitoral é pífia, frouxa e encontra dificuldades de toda ordem, servindo como exemplo o fato de fiéis, que trabalham em campanhas como verdadeiros cabos eleitorais, de forma gratuita, não constarem a doação de seus serviços na prestação de contas dos candidatos religiosos, mediante a emissão do devido recibo eleitoral. Outro exemplo, seria a venda, pelas igrejas, de vasto material religioso, os chamados "bens espirituais", em atos como "caminhadas" e similares, nos quais recursos são arrecadados e não contabilizados nas mencionadas prestações de contas. Outro exemplo seria a realização, em períodos de campanha eleitoral, das chamadas "missas campestres", ou "eventos gospel" em sítios, fazendas ou similares (espaços abertos que não possam, em tese, ser classificados como templos), com financiamento de toda a cara estrutura de logística e cachês pelas confissões religiosas, com a presença deveras oportuna de candidatos a estes eventos, se configurando, a não mais poder, num clássico caso de abuso de poder econômico, ou, na melhor das hipóteses, numa compra de voto com o apoio religioso (art. 41–A da Lei n.º 9.504/97).

Fato é que as duas únicas proibições constantes da legislação eleitoral – propaganda política com pedido de votos em bens de uso comum do povo (templos, art. 37, §4º da Lei n.º 9.504/97) e a proibição de doações financeiras por pessoas jurídicas (igrejas) a partidos políticos (ADI 4.560 STF) – tem se mostrado ineficientes e de remota fiscalização, sendo a reiteração de condutas prova disto, daí porque se torna premente a supressão da lacuna legislativa com a criação da figura do abuso do poder religioso, que não mais pode ser tratado como um indiferente constitucional e legal.

3.3 O Abuso do Poder Religioso como Ameaça à Normalidade e Legitimidade das Eleições

Muito se contesta a origem românica da teoria do abuso do direito, eis que alguns brocardos que vigoravam àquela época a afastam, a exemplo do *"nullus videtur dolo facere qui iure suo utitur"* (não se pode acusar de dolo a quem faz uso de seu direito) ou *"nemo dammum facit nisi quis id facit, quod facere ius non habet"* (não faz dano a outrem senão quem faz aquilo a que não tem direito).

Destarte, interpretando-os, conclui-se logicamente que a impunidade estava assegurada àqueles que exercitasse um direito seu reconhecido em lei. Entretanto, aquele que desvirtuasse sua finalidade social causando com isto um dano a terceiro seria punido consoante, aliás, outros brocardos já predispunham: *"male enim nostro jure uti non debemus"* (não devemos usar mal o nosso direito), além de *"non omne quod licet honestum est"* (nem tudo o que é lícito é honesto).

Posteriormente ao surgimento das teorias que negavam o abuso do direito, as chamadas negativistas, vieram outras em sentido contrário, com destaque para a de Marcel Planiol, o qual argumentava que um ato não poderia ser ao mesmo tempo conforme e contrário ao Direito, eternizando a máxima: "o direito cessa onde começa o abuso" (CARVALHO NETO, 2001, p. 52).

No Brasil, nosso primeiro Código Civil, o de 1916, não previa de modo expresso regras que repudiassem em termos gerais o abuso de direito. Não só o nosso, mas todos que entraram em vigor no século XIX continham pouca ou nenhuma limitação ao exercício das prerrogativas jurídicas em geral, ai se incluindo a liberdade contratual e o direito subjetivo, senão veja-se o revogado art. 160, I, que previa: "Não constituem atos ilícitos: I – os praticados em legítima defesa ou no exercício regular de um direito reconhecido" (BRASIL, 1916, *on-line*).

Foi a Constituição de 1988, sintonizada com as transformações sociais e econômicas engendradas no país que, cristalizando a ideia do direito funcionalizado e da solidariedade social concebeu a conclusão de que a injustiça provinha do absolutismo dos direitos individuais, e que só se alcançaria a harmonia social relativizando-os em razão da função, passando assim a viger no Brasil a interpretação dos dispositivos legais sob a ótica da função social dos direitos.

O novo Código Civil de 2002 foi também orientado por estes princípios extraídos da leitura do texto constitucional, dentre os quais a eticidade, a sociabilidade, a operabilidade e a solidariedade humana, em substituição ao individualismo vigente no revogado compêndio de 1916. Segundo o ensinamento de Alexandre Guerra (2011, p. 34–35) não cabe mais pensar apenas em direitos subjetivos absolutos, já que em todo direito está envolvida uma relação intersubjetiva, gerando, o exercício de um direito subjetivo, uma responsabilidade social.

Por conseguinte, qualquer forma de uso de um direito, ou poder, seja ele político, econômico, de autoridade ou religioso deve se regular pela boa fé e pelos bons costumes, ultrapassar quaisquer destes princípios significa incorrer em abuso punível. Conforme já dito, a teoria do abuso do direito é o resultado da rejeição ao caráter individualista que consagrava o direito subjetivo como absoluto.

É importante frisar que uma determinada conduta pode estar de acordo com o aspecto formal do direito (letra da lei), porém entrar em rota de colisão com o aspecto material, com os fins ou valores amparados pelo sistema jurídico, dentre os quais éticos, sociais ou econômicos. Noutras palavras, quando se abusa de certo direito que se tenha, restam contrariadas a finalidade social, econômica ou ética, e uma norma. Forte nesse entendimento é que, o abuso de poder religioso, a par de não ser legislado, não pode ser considerado um indiferente.

Civilmente, a consequência para a violação dos limites impostos pelo citado art. 187 do CC é a responsabilidade civil, prevista no art. 927: "Aquele que, por ato ilício (arts. 186 e 187), causar dano a outrem, fica obrigado a repará-lo" (BRASIL, 2002, on-line). Outras várias consequências, no entanto, estão previstas na legislação pátria, como as impostas pela legislação eleitoral vigente para aqueles que abusam dos poderes econômico, político ou midiático que disponham (o conhecido tripé legal), para tanto cotejando os propósitos daquela legislação a sua eventual ofensa a direitos fundamentais.

O abuso, para a legislação eleitoral, panoramicamente falando, seria o uso ilícito dos poderes, das faculdades, situações ou objetos por determinado candidato, tratando-se, segundo Everaldo da Cunha Luna (2014, p. 19), de "uma corruptela contrária à ordem do direito, desviando o exercício dos direitos subjetivos dos justos e verdadeiros fins do ordenamento jurídico".

Não há, por conseguinte, um tipo de abusividade relativa exclusivamente à religião, entretanto, a descaracterização das

Abuso do Poder Religioso nas Eleições

práticas e crenças religiosas que buscam influenciar negativa e ilegalmente a vontade dos fiéis, maculando o fundamento da democracia que é a vontade popular, cerceando a liberdade religiosa igualmente, é de ser entendida como abuso de poder religioso que pode ter como sinônimos o abuso de poder carismático, ideológico ou de autoridade. É essa fascinação, esse falar divino a inspirar confiança dos fiéis eleitores que não pode tutelar as escolhas daqueles, tornando-os eleitores fiéis, com voto induzido pela religião, o que não se coaduna com a laicidade que informa o Estado brasileiro, ainda que, por todo o nesta obra exposto, a laicidade à brasileira seja um projeto inacabado.

É esta conclamação dos fiéis, durante as celebrações religiosas, praticada por pastores que deve ser sancionada, especialmente quando aqueles pastores são candidatos ungidos que atendem a um chamado irrevogável feito pelo próprio Deus, segundo aqueles que assim creem. É este poder de influência, persuasão e ascendência que os pastores conscientemente detêm sobre os fiéis que vem sendo questionado, até pela concorrência desleal que ocasiona entre os candidatos (legitimidade dos pleitos), atingindo o equilíbrio que deve existir entre aqueles, abalando a competição, podendo levar (ou não) o transgressor a uma vitória nas urnas. A extraordinária força do poder religioso é, sem sombra de dúvidas, capaz de desequilibrar as disputas eleitorais, nas quais são indivisíveis os bens tutelados, sendo, portanto, do interesse de todos.

Além disto, abuso de poder em matéria eleitoral é expressão que se cristaliza ou se faz notar pelo excesso ou desvio de poder, sendo tal excesso medido pela quantidade dos bens e serviços, enquanto que o desvio se caracteriza pelo quantitativo de valores (públicos) destinado a uma candidatura ou a um grupo de candidatos. O que se busca evitar é que, em alguns contextos, o elemento religioso adestre os crentes, oprimindo-os além do que suas miseráveis condições de vida já os oprimem, naquilo que se conhece como vulnerabilidade econômica e intelectual do eleitorado.

Consoante já dito, a legislação eleitoral pátria traz limites à participação das igrejas no processo eleitoral. Uma delas é a impossibilidade de financiarem campanhas políticas (art. 24, VII da Lei n.º 9.504/97 c/c ADI 4.560 STF), outra quando trata da propaganda eleitoral, proibindo-a em locais de acesso público, como o são os templos (art. 37, §4º da Lei n.º 9.504/97). O candidato não pode, destarte, como ato de campanha, comparecer ao templo, ao púlpito ou ao altar sobremaneira, portanto ou distribuindo material de campanha[113], ainda que para receber orações ou mesmo se dirigir aos fiéis[114]. Da mesma forma o religioso não pode, ainda que fora daquele espaço religioso, mas próximo e dentro do contexto, ostentar material de campanha "passeando" com candidato e, assim, externando sua preferência política, posto que sua livre manifestação de pensamento, em que pese seja cláusula pétrea, encontra estes limites previstos na legislação eleitoral. Outra hipótese é quando a lei proíbe a utilização de carros de som a pelo menos 200 metros das igrejas.

Por paradoxal que sói parecer, é com base nestas proibições legais que despontam entendimentos contrários à necessidade da codificação do abuso do poder religioso. Segundo Frederico Almeida e Rafael Costa (2015, p. 378), quando foi do desejo de legislador criar uma proibição específica para as igrejas o fez expressamente, afastando qualquer intromissão estatal nas atividades

---

113 Religiosos que resolvam se candidatar não podem receber recursos provenientes da venda de livros religiosos, objetos de culto, camisetas, etc., nem recebê-los a título de doação, por expressa proibição legal (art. 24, VIII da Lei n.º 9.504/97)

114 Pegando carona na expressão cunhada pelo min. Luís Fux, verberando as *"magic words"*: nome, partido e número.

religiosas, de modo que, para os eleitoralistas citados, qualquer outra interferência é inconstitucional por ferir a liberdade religiosa de forma ampla, mas não apenas aquela, senão a liberdade de expressão e a de informação.

Dito isto parece evidente que ao legislador pouca importância deve haver no motivo fomentador do abuso, cumprindo-lhe apenas e tão somente verificar se o excesso de poder cominado foi anafado o suficiente a ponto de influenciar o resultado legítimo do pleito (ALMEIDA, 2015, p. 378). Por conseguinte, os limites da influência das igrejas já são aqueles estabelecidos pela legislação eleitoral.

Com o respeito à opinião contrária, não se trata disto. As três formas de abuso previstas na legislação eleitoral (econômico, político e midiático) guardam relação com estes que são os chamados poderes sistêmicos. Ao lado daqueles está, sem dúvidas, o religioso, razão pela qual, supor que grupos organizados como os citados pelos autores (marxista, homossexual, empresarial, etc.) possam, pedindo votos (o que é lícito), exercer influência forte o suficiente para afetar consciências retirando-lhe a liberdade e tolhendo-lhe as escolhas no momento de sufragar, a ponto de abusar, para ser mais preciso, é igualar forças absolutamente desiguais, especialmente num país em que a imensa maioria das pessoas, algo em torno de 90%, professa alguma fé religiosa. A religião está, por óbvio, noutro patamar.

Pelo fato da presença de candidatos religiosos ser maior em pleitos proporcionais do que nos majoritários, assim como ser mais forte em pleitos municipais do que nos estaduais e federais, o Poder Legislativo é o principal palco de atuação daqueles, não sendo coincidência ser naquele Poder onde se travam as discussões sobre as concessões de licença do uso dos meios de

Peterson Almeida Barbosa

comunicação[115], permissão para o registro de jornais e meios de comunicação impressa de massa (geralmente trocadas tais concessões por apoio político), sabido da importância que a televisão e o rádio tem para este segmento, que guarda a lógica política/ midiática/empresarial, sendo, destarte, a mídia e a política se reforçando mutuamente na estruturação do poder evangélico. Destaque para a compra, em 1990, da Rede Record de Televisão pela IURD, a qual é hoje a segunda colocada entre as emissoras do Brasil, com variada programação e cobertura em 98% do território nacional[116]. O que se está vendo, na verdade, é que a luta de sempre travada em defesa da religião foi além dos muros das igrejas, terreiros e templos, literalmente assentando-se nos bancos do Legislativo e se transformando em luta política.

Maria das Dores Machado (2012, p. 56) destaca que, embora haja uma participação mais elaborada e estratégica na política partidária dos evangélicos, não se pode afastar o risco de ocorrência do voto clientelista, posto que há a supremacia do uso da

---

115 "As atuações dos parlamentares modificam-se conforme a esfera do cargo que ocupam. Na esfera local, a atuação está mais ligada a questões práticas, como liberação de alvarás para construção de templos, doações de terrenos e subvenções para as obras sociais da igreja. Já a atuação estadual e nacional se dá muito mais a partir de bandeiras morais e religiosas" (SOUZA, 2016. p. 10). O império de comunicação inclui, dentre outras: a TV Mulher, a Rede Record, a Gráfica Universal (que publica a Folha Universal), a Editora Universal Produções, a *Line Record*, além de atuação noutros ramos como a Construtora Unitec, a Uni Corretora, a New Tour etc.

116 Ricardo Mariano (1999, p. 92), ao tratar da compra da Rede Record de Televisão e Rádio pela igreja universal em 1989, pelo valor de US$ 45 milhões, explica que "para comprar essa tradicional, porém decadente e virtualmente falida, rede de televisão – com uma dívida na faixa dos US$ 300 milhões, que posteriormente foi quitada -, a liderança da igreja, oculta na transação, feita por testas de ferro, não mediu esforços, ou melhor, sacrifícios. Realizou a campanha "Sacrifício de Isaac", na qual seus pastores doaram cinco salários mensais, carros, casas e apartamentos. Com o mesmo espírito de renúncia e despojamento, fiéis de todo o país foram convocados a participar do sacrifício, doando, além de dízimos e ofertas, joias, poupança e propriedades".

Abuso do Poder Religioso nas Eleições

identidade religiosa sobre a identidade partidária. Em verdade, a atuação se dá basicamente de forma clientelista e antiesquerdista, sendo com dificuldade encontradas propostas ideológicas no campo econômico ou no social, restringindo-se aquelas, em sua imensa maioria, ao campo moral.

Odêmio Ferrari (2007, p. 117) assertoa que a mobilização planejada na política partidária é de grande interesse da instituição iurdiana, até como forma de angariar benefícios diante dos poderes civis constituídos. Seria esta a razão pela qual a cúpula, em períodos eleitorais, define o perfil dos postulantes a mandatos e os rumos de comportamento da clientela, abusando da verticalidade e da concentração nestes verdadeiros governos episcopais que coíbem inteiramente a autonomia de pastores e adeptos, os quais, igualmente, não gerenciam os recursos que arrecadam nem participam das decisões sobre a melhor foram de serem aplicados os dízimos e ofertas. Haveria, neste instante, um intenso direcionamento para que votem nos candidatos que tem a missão de defender a obra de Deus. Tais candidatos, já eleitos, obrigatoriamente tem de dar retorno ao apoio recebido, atuando conforme os interesses da IURD sob pena de exclusão de seus quadros e subsequente condenação ao ostracismo político.

Estaria assim criado, para aquele político o círculo vicioso que mantém a clientela, e formado o lastro de poder religioso, econômico e político daquelas confissões. Em suma, basta ao "escolhido" convencer aos fiéis da necessidade de ter alguém da igreja na política, já que a força política maior vem das fontes, nada desprezíveis, como o dinheiro, a TV, as rádios etc. (FERRARI, 2007, p. 87).

Infelizmente, é fato que o Estado brasileiro tem uma tradição – e uma forte inclinação – para o paroquialismo, o fisiologismo, o populismo e, por decorrência lógica, para o clientelis-

Peterson Almeida Barbosa

mo. O Brasil foi descoberto por um Estado português secular, reproduzido na colônia, sendo que o deslocamento da religião para o espaço privado[117] somente começou a se concretizar após a Reforma Protestante. No Brasil, à configuração na centralização na figura dos missionários trazida pelos missionários suecos, acresceu-se o nosso coronelismo, sendo o resultado uma forte centralização na figura do pastor, sendo doravante moldadas as decisões políticas pelas decisões do campo religioso, e vice versa.

A estratégica inserção de grupos religiosos – que são grupos de interesse – na política se dá inicialmente por conta de uma agudizada crise de representatividade, deslocando-se dos partidos políticos para as igrejas a missão de educar politicamente os vulneráveis eleitores (embora ser religioso não seja mais atestado de honestidade como já fora um dia), agregando interesses sociais daqueles que padeciam de uma exclusão estrutural contínua. A religião, sabe-se, tem muitos elementos simbólicos, os quais são trazidos para o campo político com o intuito de apresentar um candidato perfeito, honesto, capaz e comprometido com os valores cristãos[118]. Vários desses pastores[119] são de origem pobre, tendo alcançado destaque dentro da igreja como pastores propriamente, radialistas ou cantores gospel, por exemplo, os quais

---

117 Este processo foi chamado por Max Weber (2005, 126) de "desenvolvimento do mundo" na Modernidade. Seria "a eliminação da magia como meio de salvação", provocada pela racionalização da sociedade, cuja cosmovisão protestante tanto impulsionou a ciência.

118 Quando interessa, o termo cristão é alargado, para incluir a própria igreja católica e até mesmo os judeus.

119 As exigências para ser pastor são relativamente simples, e pouco ou quase nada elitistas, sendo a conversão, a dedicação e o desejo facilitadores na formação de novos pastores e aceleradores do ingresso no trabalho episcopal. Aos aspirantes a pastor é exigido apenas que aprendam a reproduzir corretamente o que os titulares fazem nos púlpitos. O avanço na hierarquia eclesiástica é reservado àqueles que demonstrem elevada capacidade de arrecadação de dízimos e ofertas, habilidade considerada como sinal inequívoco de bênção divina.

Abuso do Poder Religioso nas Eleições

normalmente não trabalham com o público em geral senão com um público já identificado fortemente com aquele ideal de vida.

Para Alexandre Fonseca (2002, p. 231) seriam em número de três as motivações para o envolvimento evangélico na política: a força social representada pelo crescimento numérico; a busca de legitimidade e prestígio social; e a facilidade para o proselitismo com o acesso ao poder. Para ele, vendo-se perseguidos e marginalizados, os evangélicos passam a compreender que o envolvimento na política seria a melhor forma de se garantir uma ação evangélica proselitista. Interpretam a corrupção como uma "prática diabólica" que destrói pessoas e nações e, consequentemente, aqueles que "tem o temor do Senhor" não se envolvem com ela. Participar da política seria, destarte, uma forma de se exorcizar o espaço público, uma maneira de combater o mal "aqui fora", afinal, está escrito no Salmo 33, versículo 12 da Bíblia que "Bem aventurada é a nação cujo Deus é o Senhor" (com o zoom ampliado por minha lente), ainda que, no poder, determinados políticos evangélicos tenham se aproximado bastante da má cultura política[120].

Ao se flectir acerca da participação neopentecostal na política, Ricardo Mariano (1999, p. 235–237) faz cirúrgica observação. Para ele, o poderio eleitoral daquelas instituições religiosas é costumeiramente menor do que o que se vangloriam. Sem arrodeio, em suas palavras: "vendem gato por lebre"; não fosse assim, dispensariam as alianças que fazem com blocos suprapartidários e supra denominacionais. Inobstante não sejam ignóbeis os inte-

---

120 Em complemento, Paul Freston (2006, p. 44) entende que, se a atuação dos evangélicos na política não for qualitativamente diferente da cultura política, se eles não aprenderem a pensar a sociedade biblicamente em termos de valores, ao invés de pensá-la sob a ótica de grupos humanos carimbados com certos rótulos, e se, ainda, não lerem as denúncias de Jesus contra os religiosos de seu tempo como denúncias contra eles (evangélicos), permanecerão contaminados com a citada nefasta cultura política.

resses corporativas capazes de uni-los e levá-los a agir em bloco, "são limitadíssimos os poderes de fogo e raio de ação dos políticos evangélicos", malgrado sejam eles avidamente cobiçados por partidos e coligações eleitorais como moeda de troca.

Já Marilena Chauí (2006, p. 65) justifica no clima de desconfiança do homem comum com relação às suas representações a tentativa de superar as mazelas que o atingem, buscando socorro nestas formas alternativas de representação. *Litteris*:

> a) o paradoxo estrutural que afasta a grande massa do processo de participação política efetiva (ou seja, que vai além do voto depositado nas urnas), bem como da participação nos mecanismos distributivos da renda produzida (alta concentração de renda nas mãos da minoria burguesa);
>
> b) a falta de contrapartida de avanços sociais aos avanços tecnológicos alcançados;
>
> c) a ausência do Estado no papel de mediador das demandas sociais, gerando nos grupos excluídos a necessidade de apelo a alternativas de representação que lhes garantam respostas rápidas aos sofrimentos diários.

Seria, destarte, um ressurgimento da teologia política[121], entendida como a mescla dos poderes político, religioso e militar. Esta seria a tábua de salvação de tantos desiludidos que não são imunes às tendências sociais; aqueles, órfãos em relação aos poderes e às políticas públicas, de matriz transnacional, mais voltadas àquele mercado do que aos problemas locais, se identificam com estes candidatos religiosos, e encontram, nas teologias da prosperidade e do domínio adotadas pelas igrejas neopentecostais, as soluções para os graves e urgentes problemas que os assolam.

---

121 Seria a mercantilização de tudo que for sagrado, como prenunciara Marx em seu "Manifesto Comunista".

Abuso do Poder Religioso nas Eleições

Na política partidária, as igrejas neopentecostais se utilizam normalmente de pequenos partidos, de legendas de aluguel, ou mesmo de grandes partidos, ou até de "partidos próprios" por assim dizer, de oposição ou de situação, com alguma prioridade por partidos conservadores, desde que com chance de êxito, já que seu critério de escolha se vincula às chances de vitória de seus candidatos, ficando a questão ideológica do partido escolhido à margem, sendo desta forma a religião instrumentalizada. Seu foco é manter representantes em todas as legendas, sua meta é a capilaridade de sua atuação num quadro suprapartidário, desde que com inclinação à direita política, ao conservadorismo, ao corporativismo (religioso, por óbvio) e ao fisiologismo explícito. O que verdadeiramente buscam é a solidificação de sua estrutura institucional a exercer influência em vários setores da sociedade civil.

Por sua vez, os "pastores políticos" não precisam ter, como os padres, um total desligamento das coisas mundanas, senão serem pessoas despreocupadas, tranquilas e materialmente satisfeitas, como decorrência de terem colocado sua fé no centro de sua vida. Prestam-se como paradigma a ser seguido, especialmente para aqueles que se encontram mergulhados no vício, no pecado, para que, tendo uma nova vida espiritual, desfrutem de uma abundância material como uma bênção divina, como consequência usufruindo da sociedade de consumo sem culpa, a partir de sua opção por igrejas neopentecostais[122].

A história mostra que quase sempre que as religiões se envolveram com a política seus representantes escantearam o partido pelo qual concorreram, ou o próprio partido se tornou um

---

122 Recentemente, a Terceira Turma do Tribunal Regional do Trabalho da 11ª Região – AM/RR (TRT 11) entendeu com acerto pela existência de vínculo empregatício entre os pastores e as igrejas às quais pertencem, atuando aqueles como "vendedores dos princípios bíblicos", trabalhando com o atingimento de metas de arrecadação de dízimos e ofertas para a manutenção dos templos.

"braço" da igreja. A mesma análise histórica também mostra que, ingressando na política, as igrejas se tornaram mais ricas e poderosas, no entanto mais corruptas, razão pela qual se faz necessário um controle mais rigoroso no comportamento dos seus membros que passem a exercer o poder político, embora seja sempre temerária a abordagem da moral, eis que, em nome de se resgatar e preservar tais valores muitas pessoas já foram mortas ou simplesmente excluídas do tecido social.

Um Estado não pode guiar suas políticas públicas por preceitos e/ou dogmas religiosos, ainda que tais religiosos sejam a maioria de sua população, porém, a nação religiosa que se assanha a sub-repticiamente dominar a República insiste que a população seja regida pelos preceitos bíblicos, alheia ao fato de que a sociedade plural deve ser tolerante às religiões, às opções sexuais, etc., em cuja a variedade de ideias é de ser querida e estimulada, num verdadeiro Estado Democrático de Direito em que todas as famílias estão aptas e são dignas de receberem a proteção do Estado.

Todavia, é crucial que se pontue o crescimento da participação neopentecostal na política não significa uma ameaça à democracia com características similares ao que ocorre, por exemplo, no Oriente Médio, por conta do fundamentalismo islâmico, já que não existe uma base científica para tal afirmação, em que pese o espantoso crescimento das igrejas neopentecostais mereça ser estudado, como estudado tem sido, sobretudo pelas escolas de sociologia.

O fenômeno, sociologicamente relevantíssimo, é a tentativa inquieta destas instituições religiosas de se projetarem socialmente, expondo a sua imagem pública e, assim, irremediavelmente se deteriorando. Para o evangélico Paul Freston (1994, p. 136–139) ser "crente" já não é atestado de honestidade: "A profissão de pastor é vista como lucrativa e de baixa exigência ética. Tornou-se objeto de humor da mídia e, pior ainda, do horror dos comentaristas políticos". Segue falando com conhecimento de causa: "a baixa estima pública dos evangélicos, a médio prazo, será obstáculo na evangelização e na manutenção de nossos próprios filhos na fé, sobretudo aqueles que entrarem em ambientes como a universidade, onde todos os podres evangélicos são bem conhecidos" (FRESTON, 1994, p. 136–139).

É deveras tangível que a comunidade evangélica tem se transformado em trampolim político, o que é um enorme desafio ético a ser suplantado. Esta politização, bem acima da média das outras confissões religiosas, que a faz compreender a assunção a um cargo público como trunfo, leva-a a: "cometer absurdos em nosso nome, os quais apenas começaram". O mundo evangélico, sendo a um só tempo cônscio de sua identidade comum, porém, institucionalmente dividido, pensa a democracia apenas e tão somente como a liberdade religiosa, o que, ainda segundo Freston (1994, p. 176), é um grande equívoco, já que pode haver liberdade religiosa sem democracia, mas não democracia sem liberdade religiosa.

É realmente preciso que os evangélicos que se envolvem com a política tenham a plena consciência do lado sombrio do poder, para que desfaçam suas pretensões de exercê-lo em nome de Deus, e para que não se tornem "amigos do dinheiro" como os Fariseus (BÍBLIA, Lucas 16:14). Com pesar conclui o pesquisador citado que: "em boa parte da igreja evangélica brasileira essa ética, questão central na vida pública, se perdeu", em nome do triunfalismo que sonha com a tomada do poder (FRESTON, 1994, p. 136). E finaliza:

> Em vez da ética do trabalho diligente e vida frugal, temos a Teologia da Prosperidade, do enriquecimento por meios rituais. E em vez da cosmovisão protestante que impulsionou a ciência, temos o conceito atual de Guerra Espiritual, que é uma volta à visão pagã do mundo. As

> três opções que o diabo oferece a Jesus no deserto são tentações ministeriais [...]. Um presidente evangélico eleito pela TP terá pouco fôlego ético para resistir às tentações de enriquecimento pessoal e desfrute das regalias [...]. Nossa preocupação tem que ser com a promoção do Evangelho e não com a promoção dos evangélicos. (FRESTON, 1994, p. 138)

A obtenção do voto é inquestionavelmente o fim almejado por aqueles que abusam de seu poder religioso. Este voto pode ser tanto para destiná-lo à autoridade religiosa interlocutora como para outrem que aquela esteja eventualmente apoiando, fazendo os fiéis acreditarem que Deus quer aquelas pessoas exercendo o poder e assim conquistando seus votos. Seria o chamado "coronelismo eletrônico evangélico"[123], a formação, manutenção e expansão por grupos evangélicos da posse de meios de radiodifusão massivos (principalmente rádio e TV) como estratégia proselitista, mas não só, visto que mesmo a pregação itinerante com a utilização de tendas de lona é empregada.

Tratando de abuso do poder religioso, Luiz Eduardo Peccinin (2018, p. 88) reconhece ainda outra possibilidade de reconhecimento deste abuso, que seria naqueles casos específicos em que o discurso religioso se assemelha ao temor reverencial, recompensa ou ameaça divinas para a conquista do apoio do fiel eleitor. Nesta hipótese, estaria vulnerada a possibilidade de livre convencimento e formação de sua vontade política, conduta

---

123 O evangelismo eletrônico tem como grande vantagem alcançar aqueles que não possuem contato nem relação de confiança, parentesco ou amizade com os fiéis da denominação. Naquele, o rádio é sempre preferível à TV, seja por seu menor preço de locação ou compra de emissoras, seja pelo menor custo de manutenção ou, como pareça ser a hipótese mais acertada, por sua forte penetração nos estratos mais fortes da população. Serve ainda para, de maneira insistente, convidar os fiéis a comparecerem aos cultos, eventos e campanhas da igreja, além de, obviamente, serem linhas de transmissão das atividades realizadas nos cultos públicos.

também passível de reprimenda sob a ótica de captação ilícita de sufrágio do artigo 41–A da Lei n.º 9.504/97.

É oportuno o apontamento de Ricardo Mariano (1999, p. 56), para quem a instrumentalização da política se dá de forma mútua; da parte dos políticos por vislumbrarem neste segmento uma fonte de arregimentação de votos; e da parte dos pentecostais, que buscam nestes aliados uma forma de imposição de seus valores e interesses. A conclusão a que se chega, ao fim e ao cabo, é que os "pastores políticos" se apresentam como intermediários entre os crentes e Deus no campo religioso.

A legislação eleitoral vigente, como dito, traz alguns anteparos à atuação de religiosos na política, como a expressa proibição de propaganda eleitoral nas igrejas (art. 37, §4º da Lei n.º 9.504/97), já que em locais públicos vige o princípio da neutralidade, não devendo, no caso específico, pastores e outros religiosos se autopromoverem durante os cultos e missas, por exemplo, seja pregando, distribuindo santinhos etc., sob pena de se colocarem em franca situação de vantagem ante a outros candidatos que sequer podem se fazer presentes a inaugurações de obras públicas nos 3 meses que antecedem ao pleito (art. 77 da Lei n.º 9504/97). Templos de qualquer espécie não podem ser transmudados em comitês eleitorais, ainda que, não por outra razão, se situem em áreas humildes das cidades, cuja população é, pela própria carência, mais suscetível a ser manipulada.

O grande problema desta espécie de propaganda (ou contra propaganda) subliminar é que ela dificilmente é descoberta, seja pela própria dificuldade em ser fiscalizada, seja porque visam o inconsciente do eleitor – mais das vezes em transe – seja porque os fiéis, dada a fidelidade, não a denunciam, até mesmo porque a influência que recebem está acima da razão, circundando no campo sagrado da fé.

Além desta abusiva forma da autoridade religiosa, o abuso estudado também se caracteriza no instante em que há um uso indevido de meios de comunicação em igrejas e locais de culto, ou quando os vultosos valores advindos dos dízimos e ofertas são propositadamente desviados para alguma candidatura. As consequências, no entanto, são distintas, enquanto a propaganda irregular acarreta multa aos infratores (art. 37, § 1º da Lei das Eleições), o recebimento de doação de fonte vedada, no caso, a confissão religiosa, traz como consequência a perda do direito ao recebimento de quota do fundo partidário do ano seguinte, além de poderem os infratores responder por abuso do poder econômico (art. 25, *caput* da LC n.º 64/90 c/c ADI 4.560/DF), tendo ainda suas contas de campanha rejeitadas ou desaprovadas com sujeição à inelegibilidade disposta no art. 1º, "g" da LC n.º 64/90.

Considerando que, no Brasil, o voto sempre foi obrigatório, a imposta participação popular no processo de escolha de seus representantes deve estar única e exclusivamente guiada pela consciência livre do eleitor. Destarte, é a preservação da lisura nas eleições que move a atuação de toda a Justiça Eleitoral, sobretudo para coibir toda e qualquer forma de abuso nos pleitos.

A intangibilidade do voto e a igualdade de todos os candidatos perante a legislação eleitoral são os nortes a serem buscados, são princípios básicos do Direito Eleitoral não se podendo transigir com a observância ética e jurídica. As figuras do abuso de poder foram criadas para que a legitimidade e normalidade das eleições não fossem comprometidas, tendo, por decorrência óbvia, um bem jurídico plenamente identificável.

A igualdade entre os candidatos visa o equilíbrio nas eleições por consequência. São expressões deste princípio basilar e inegociável o acesso à filiação partidária, a escolha nas convenções partidárias, o registro das candidaturas (evidentemente aquelas que não tiverem prejudicadas pela inelegibilidade, falta de elegibilidade, perda ou suspensão dos direitos políticos). Outras formas de se fazer presente a igualdade entre os candidatos é a quantidade mínima dos sexos quando da escolha das convenções e consequente registro de candidaturas, à luz do quanto dispõe o art. 10 da Lei n.º 9.504/97.

Entretanto, é impossível negar que, aquele que detém alguma forma de poder, seja este econômico, político, midiático ou religioso, influencia o resultado dos pleitos. Mas não somente aqueles mais abonados com aqueles capitais, senão também os naturalmente dotados de certas formas de saber, doutrinas, carisma, influência cultural, liderança nata, com o uso das quais conseguem manipular outrem a fazer ou deixar de fazer algo – à luz do disposto art. 242 do Código Eleitoral – exercem, para autores como Amilton Augusto Kufa (2016, p. 02), o abuso do poder carismático ou ideológico, gênero do qual o abuso do poder religioso seria espécie, para ele:

> [...] o desvirtuamento das práticas e crenças religiosas, visando influenciar ilicitamente a vontade dos fiéis para a obtenção do voto, para a própria autoridade religiosa ou terceiro, seja através da pregação direta, da distribuição de propaganda eleitoral, ou, ainda, outro meio qualquer de intimidação carismática ou ideológica, casos que extrapolam os atos considerados como de condutas vedadas.

O uso da autoridade daquele que se vale da posse de certas formas de saber, doutrinas, conhecimentos às vezes apenas de informações, ou de códigos de condutas, para exercer influência sobre o comportamento alheio e induzir membros do grupo a realizar ou não realizar uma ação não pode ser desregulado[124],

---

124 O abuso de poder político tem conceituação distinta do abuso de poder de autoridade. O primeiro tem semelhanças com o abuso do poder religioso, já que afeto aos líderes religiosos, não importando de que confissão, inclusive aos caciques indígenas que

de sorte que, à impossibilidade de desconhecê-las, à míngua de não se configurar como ilicitude autônoma no direito eleitoral, há tentativas de serem impostos limites ao seu exercício legítimo, tornando ilícito, e por tal razão abusivo, qualquer uso nocivo daquele poder que venha a contaminar a liberdade do voto e o resultado legítimo das eleições, desequilibrando a disputa[125].

O que é intolerável é que a religião se torne uma potente arma na luta política, numa ilícita sobreposição das vontades, exaltando preferidos e/ou ostracizando adversários, em evidente prejuízo da liberdade na formação da escolha eleitoral.

No momento em que determinado candidato a cargo eletivo oferece ou dá alguma vantagem, determinada ou determinável, a seus eleitores em troca de seus votos, se configura o abuso, desde que haja probabilidade de que tal vantagem influencie no resultado

---

exercem referido poder nas religiões ameríndias. Aliás, o primeiro enfrentamento pretoriano do novel abuso se deu justamente por conta de um suposto poder ilimitado exercido por um cacique numa tribo paranaense (TSE, 2015, on-line). Já o abuso de autoridade (não confundir com a recente Lei n.º 13.869/19) é exercido, por exemplo, por milicianos nos morros cariocas, por influenciadores digitais, etc., não se podendo, por fim, ser olvidado que "autoridade" nos termos propostos também guarda relação com o conceito de agente público.

125 Segundo o ensinamento de Adriano Soares da Costa (2016, p. 384): "Pode o partido político obter recursos, quer públicos (fundo partidário) quer privados, com a finalidade de divulgar suas ideias, a plataforma política de seus candidatos; porém, não poderão, esses e aqueles, utilizar tais recursos – ou outros, auferidos ilegalmente – no sentido de comprar votos, ou adquirir a preferência do eleitorado explorando sua miséria, fome e falta de instrução. Se isso correr, como distribuição de alimentos, dentaduras, sapatos, telhado, tijolo, e mais o que o engenho humano possa criar a fim de obter votos, haverá evidente abuso de poder econômico, punível com a inelegibilidade dos que o praticaram e de seus beneficiários. Abuso do poder político é o uso indevido de cargo ou função pública, com a finalidade de obter votos para determinado candidato. Sua gravidade consiste na utilização do munus público para influenciar o eleitorado, com desvio de finalidade. Necessário que os fatos apontados com abusivos, entrementes, encartem-se nas hipóteses legais de improbidade administrativa (Lei n.º 8.429/92), de modo que o exercício de atividade pública possa se caracterizar como ilícito do ponto de vista eleitoral".

do pleito, noutras palavras, é preciso que haja relação de causalidade entre o ato praticado e sua repercussão no resultado das eleições.

Para a legislação eleitoral, por conseguinte, o conceito de abuso é sempre relacional, necessitando que se analise o caso concreto para se concluir se o ato abusivo é de ser ou não considerado, havendo espaço para a ponderação judicial, com a efetividade plena da razoabilidade e proporcionalidade na aplicação da legislação eleitoral.

É preciso, portanto, que se faça um cotejo das provas existentes nos autos com a legislação de guarda. Invariavelmente aquele que se candidata exercita um direito político, o qual encontra seus limites nos contornos das práticas abusivas. Em seu Espírito de Leis, Montesquieu (1748) já admitia que "é uma experiência eterna que todo homem investido no poder é tentado a abusar dele. Quem diria! A própria virtude tem necessidade de limites. O poder precisa frear o poder" (MONTESQUIEU, 2000, p. 89).

As formas de abuso são temas caros e imprescindíveis à democracia e à liberdade do voto, e com o abuso do poder religioso não poderia ser diferente. Há que se ter a cautela de não se considerar toda e qualquer prática de proselitismo exercida no interior de templos como abusiva. Os limites da legalidade somente são prepósteros quando o exercício do direito à liberdade religiosa é excedido, passando a existir supressões à liberdade de escolha eleitoral.

Não é outra a lição de Frederico Alvim (2019, p. 285–286), para quem práticas indutoras de sujeição moral ou servilismo são descabidas, e apontam para a existência de um abuso que transpassa a simples transgressão das normas que regem as atividades de propaganda eleitoral em bens de uso comum (art. 37, 4º, da lei n.º 9.504/97).

No entanto, adverte aos julgadores eleitorais que evitem: "a pressuposição de uma gravidade automática intrínseca, inclusive a fim de evitar a prolação de sentenças fundadas numa visão míope e preconceituosa acerca do fenômeno". Para ele, o teísta não deve ser visto como um vulnerável, um embrutecido ou um espectador passivo e incapaz de lidar com as informações que recebe, já que, o poder incorporado pelos ministros religiosos tem, ao contrário dos outros poderes, relativo alcance por natureza.

De fato, não se deve tratar esta espécie de abuso com "pré-conceitos", sem uma minuciosa abordagem caso a caso. O juiz não pode presumi-lo, entender que há sujeição emocional ilícita sem se debruçar profundamente sobre as provas coligidas, assim como acerca das demais circunstâncias, numa análise bastante amiúde, inclusive do linguajar utilizado no culto posto em cheque, para decidir se aquele não se transfigurou num comício. Sem que se faça uma análise minudente e nada perfunctória dos cultos não se pode concluir se aqueles deram margem a propagandas eleitorais subliminares (ou não), já que, por visarem o inconsciente do fiel, e pelo fato deste nunca denunciar, não é tarefa das mais fáceis sua percepção.

Numa sociedade pluralista, com forte sincretismo religioso, criar limites, amarras, regras ou normas em confissões religiosas é caminhar em solo movediço, sendo desaconselháveis, portanto, as correrias. A quebra da normalidade e da legitimidade que devem plasmar os pleitos eleitorais seriam razões suficientes para a interferência estatal em um dado movimento religioso no âmbito do eleitorado? A hipótese é desafiadora, já que a liberdade religiosa também é um direito fundamental.

3.4 A Solução Norte-americana e a Desincompatibilização como Alternativas

Nos Estados Unidos da América há expressa previsão, na seção 501 do Código da Receita Federal, de que as organizações religiosas estão proibidas de participar ou intervir, direta ou indiretamente, em uma campanha política, em nome ou em oposição a qualquer candidato a cargo público eletivo, em decorrência da chamada *Johnson Emenda*, promulgada em 1954. Referida proibição é condição para a manutenção do benefício de isenção fiscal, o equivalente à nossa imunidade tributária (art. 150, VI, "b" da CF).

Por esta razão, o entendimento é que não se trata propriamente de uma proibição, senão de uma opção, qual seja a organização religiosa pode optar em continuar a ser isenta fiscalmente, ou, abrindo mão, participar ativamente da atividade política daquele país. Em linhas gerais, fazer uso deste direito comparado seria uma solução.

Poder-se-ia, por exemplo, exigir previamente algumas condições para a concessão do benefício, a serem detalhados pelo fisco, elencando ainda as hipóteses de perda da condição de imunidade tributária, que poderiam ser, por exemplo, quando atuassem em comportamento típico de organizações privadas, quando exercessem atividade ilegal e, mormente, quando participassem de campanhas políticas, dentre outras a serem analisadas pelas casas legislativas.

Ainda dos Estados Unidos veio o *Religious Freedom Restoration Act* (*ENCYCLOPAEDIA BRITANNICA*, 2020, *on-line*), de 1993, que estabelece a Cláusula de Livre Exercício da Primeira Emenda, a qual dispõe que o Congresso não aprovará leis que proíbam o livre exercício da religião.

Do México também surgiu outra possível alternativa para a não politização dos religiosos, que foi a cisão absoluta proposta pela Constituição revolucionária de 1917, garantindo, em seu artigo 24, que todo cidadão dispõe de liberdade de consciência e crença, no entanto, não a pode utilizar para fins políticos, de proselitismo ou propaganda; consta ainda do artigo 130 a inelegibilidade de ministros de cultos para cargos públicos, assim como a impossibilidade de se associarem a políticos.

Noutros países, o afastamento daqueles religiosos candidatos de suas funções nos cinco anos que antecedem ao pleito, como forma de coibir que, celebrando, deem margem à propaganda eleitoral ainda que subliminar é utilizada, por exemplo, em *El Salvador* e no Panamá para todos os cargos representativos. Para cargos parlamentares e de Presidente e Vice há restrições na Argentina, Bolívia, Equador e Honduras. Apenas para os cargos de Presidente e Vice na Costa Rica, no Paraguai, no Chile e na Venezuela (ORO, 2008, p. 78).

Já em Portugal, a Constituição da República Portuguesa de 1974, em seu artigo 51, §3º proíbe os partidos políticos, sem prejuízo da filosofia ou ideologia inspiradoras de seus programas, de usarem denominação que contenha expressões diretamente relacionadas com quaisquer religiões ou igrejas, bem como emblemas confundíveis com símbolos nacionais ou religiosos. Partidos confessionais são proibidos[126], bem como o financiamento e a manifestação político eleitoral por clérigos quando do exercício de suas funções.

---

126 No Brasil, há quatro partidos políticos assumidamente cristãos. Seriam eles: o PTC (Partido Trabalhista Cristão), o PSC (Partido Social Cristão), o PHS (Partido Humanista da Solidariedade) e o PSDC (Partido Social Democrata Cristão). Já o PRB (Partido Republicano Brasileiro) é considerado o "braço político" da Igreja Universal do Reino de Deus, sendo oportuno lembrar que este partido já elegeu um Vice Presidente da República por dois mandatos (2003–2011), o falecido José Alencar, companheiro de chapa do ex-presidente Luís Inácio nas duas ocasiões em que ocupou o referido cargo. Sobre ter um partido próprio, a motivação parece

Abuso do Poder Religioso nas Eleições

Já no Brasil, a lei dos partidos políticos (Lei n.º 9.096/95) em nenhum momento se refere à relação entre igrejas e aqueles[127], sendo legítima, portanto, a criação de partidos muçulmanos, judeus, etc., não carecendo serem escondidas tais ideologias, as quais não podem gerar nenhuma espécie de restrição de direitos àquelas agremiações.

Solução que poderia ser utilizada seria a obrigação de se impor o afastamento das atividades eclesiais daqueles religiosos que resolvessem fazer o registro de suas candidaturas a cargos eletivos, sob pena de perderem sua capacidade eleitoral passiva plena. Tal espécie de inelegibilidade protegeria a normalidade e legitimidade das eleições contra a influência do poder religioso, tal qual ocorre para se proteger contra a influência do poder econômico ou o abuso do cargo político, ou ainda do poder midiático (caso dos profissionais de imprensa).

Por conseguinte, esta é uma solução que se mostra razoável dentro do propósito de se blindar a política da religião, qual seja, a desincompatibilização de religiosos a partir do momento em que sejam escolhidos candidatos ou por, no mínimo, 3 meses antes do pleito, abstendo-se de celebrar, realizar eventos religiosos, palestras ou similares em igrejas, templos ou assemelhados. Parece óbvio, já que, se, por exemplo, existe a proibição de gestores comparecerem a inaugurações de obras públicas nos três meses que antecedem ao

---

ter sido o fato da dificuldade de ter que coordenar vários candidatos em partidos diversos, somada às disputas de poder entre igreja e partido, considerando ainda os vários interesses dissonantes. Inclusive, estas querelas entre igreja e partido para alguns seria a razão pela qual a IURD estaria reposicionando sua marca desassociando-se do termo "igreja" contido em seu nome, passando a referir-se apenas como "A Universal".

127 Em pesquisas realizadas no site do Congresso Nacional identificou-se apenas o PL 216/04, de autoria da ex-deputada federal Juíza Denise Frossard, o qual teria por fim proibir a eleição de quem ocupasse postos eclesiásticos ou atividades de liderança religiosa.

pleito (art. 77 da Lei n.º 9.504/97) como forma de se evitar o uso político da máquina estatal, quanto mais se diga de religiosos a "pregarem" às vésperas dos dias designados para as votações.

A Igreja Católica adota posicionamento que poderia ser copiado, ao proibir, a princípio, a candidatura de clérigos a cargos eletivos (cânon 285, §3ª c/c cânon 287, §2º), ressalvando, no entanto, que, caso um clérigo deseje fazê-lo, pedirá autorização ao bispo da diocese à qual esteja vinculado, o qual, entendendo que o exijam a defesa dos direitos da igreja ou a promoção do bem comum a dará, orientando-o, todavia, que se desincompatibilize de suas atividades religiosas.

Desincompatibilizando-se, não poderia aquele pastor, por exemplo, pregar nos cultos, realizar encontros, eventos ou palestras com pano de fundo religioso, ou mesmo apresentar programas chamados de rádio e/ou tele evangelicalismo, por um período que poderia ser de 3 meses (art. 14, §9º da CF) ou a partir do momento em que fossem escolhidos como candidatos (art. 44, §1º da Lei n.º 9.504/97). Não se pode olvidar que as igrejas não podem funcionar como estruturas auxiliares de campanhas políticas tão ou mais poderosas que o próprio partido político, com os quais não pode celebrar onerosas alianças.

O fundamento seria que o Brasil, em que pese seja um Estado laico, é extremamente religioso, eis que 90% de nossa população professa alguma religião, sendo os agnósticos a imensa minoria, situação que não pode mais ser ignorada pela legislação eleitoral, que não pode desconhecer que o poder religioso afeta a normalidade e o equilíbrio das eleições, eis que não são somente aqueles que exercem cargo ou função pública os capazes de desequilibrar a disputa eleitoral em seu favor.

Em complemento, é importante ainda pontuar ser obrigatória a desincompatibilização de religioso que dirija entidade religiosa que tenha realizado convênio com a administração pública para prestar serviços de utilidade pública (art. 1º, II, "a" da LC n.º 64/90 c/c TSE, Consulta n.º 1.214, Rel. Min. Marco Aurélio Mello, DJ de 03.05.2016). Salutar essa necessidade já que a prestação desse serviço de utilidade pública é custeada com recursos públicos. Outra situação que pode ser interpretada como abuso do poder dos meios de comunicação é a realização de cultos em favor de determinado candidato.

Naturalmente a medida encontra resistentes, como Maria Cláudia Bucchianeri Pinheiro (2013, p. 8), para quem o termo desincompatibilização é usado para fixar marcos de afastamento da máquina pública, com o claro objetivo de proteção do processo eleitoral contra o abuso de poder político e de autoridade, figuras que, segundo seu entendimento, não se aplicam ao contexto religioso por falta de acomodação do texto ao contexto. Assertoa, ainda, que a criação deste regime especial pressuporia a edição de norma expressa neste sentido, submetida a posterior controle de constitucionalidade, especialmente no atinente à adequação de seus meios ao fim a que se propõe[128].

3.5 Da Necessidade de se Suprir a Lacuna Legislativa

Religião e política sempre andaram juntas e de mãos dadas em muitas das vezes, sendo a origem divina das normas codificadas a prova disto. Esta mistura foi e é muitas das vezes explosiva[129], eis que

---

128 Para maior aprofundamento, conferir "Abuso do poder religioso nas eleições: desincompatibilização de sacerdotes e pastores", de Magaly de Castro Macedo Assunção.

129 O filósofo Pierre Bourdieu (2005, p. 78–80), fazendo uma leitura do pensamento weberiano, entende que a participação política de religiosos será sempre conflituosa dado que as duas esferas possuem racionalidades díspares. Para ele, a contribuição

Peterson Almeida Barbosa

há maneiras terríveis de ligá-las, sendo a influência da primeira na segunda e na linha inversa uma via de mão dupla que se retroalimenta, sendo reconhecidamente indissociável em várias culturas[130]. A religião sempre foi detentora de um poder sistêmico, e, por que não dizer, importante, já que forneceu, para muitas civilizações, princípios básicos de civilidade e respeito mútuos, sua presença, diria, é muito mais benéfica que maléfica. Tal poder, por isto e por tudo isto, passou a ser cobiçado pelo poder político, e não pode ser rotulada como submissa a este, já que a relação entre aqueles poderes somente se torna possível graças ao poder simbólico, constituído pelo sagrado, que somente o campo religioso possui[131]. Os religiosos,

---

da igreja é com a mantença da ordem política, ou melhor, para o reforço simbólico das divisões desta ordem, pela consecução de sua função específica, qual seja a manutenção da ordem simbólica, a unificação de universos separados.

130 "A separação Igreja–Estado, de um ponto de vista político, implica mais um retorno à primitiva atividade cristã ("a César o que é de César, a Deus o que é de Deus") do que o desaparecimento da fé na transcendência ou um novo interesse enfático pelas coisas do mundo. [...] As leis foram interpretadas ora em termos de descristianização, ou seja, de ruptura e profanação modernas dos princípios da cristandade, ora em termos de dessacralização, cujo núcleo essencial já estaria presente desde as origens cristãs de salvação. [...] Um processo de gradual expulsão da autoridade eclesiástica do âmbito do domínio temporal até a Paz de Westfália de 1648 que cria o Estado moderno" (MARRAMAO, 1997, p. 90 e 91). Ainda sobre a separação Igreja–Estado, é válida a distinção feita por Paul Freston (2006, p. 10), ao sustentar que, enquanto a religião e a política sejam inseparáveis, é possível se ter uma "política confessional, porém um Estado confessional não".

131 "O papel da religião dentro das mais diferentes sociedades sempre atraiu outras especialidades culturais, como por exemplo, os políticos. Esse fator contribuiu para quebrar o paradigma de que a religião declinaria ao longo do tempo com o avanço das ciências, o que se perpetuou durante muito tempo nas mais diversas correntes sociológicas; empiricamente foi provado o contrário. Nas últimas décadas, no Brasil, por exemplo, esse fato pode ser provado já que a adesão religiosa cresceu muito, especialmente nos grandes centros urbanos, onde a modernização que estabelece padrões mais racionais deu a ideia oposta a essa questão. Entretanto, as denominações religiosas multiplicaram-se e ganharam mais poder social, justamente nos grandes centros urbanos, especialmente nos países subdesenvolvidos como o Brasil, onde as diferenças sociais afloram-se e a religião aparece como uma fornecedora de recompensas para aliviar o sofrimento dos excluídos". (CRUZ, 2009, p. 72)

Abuso do Poder Religioso nas Eleições

sabedores deste seu poder e desta sua influência desde a antiguidade, nem sempre resistiram à tentação de cumular ao poder religioso que já possuíam o poder político, razão pela qual a variável religiosa sempre deve constar quando se tenta explicar o voto. Não se pode relegar a história universal se desconhecendo um tempo em que os faraós do antigo Egito eram considerados deuses.

Conforme visto, houve uma mudança nos atores religiosos cristalizados no poder político antes limitados à Igreja Católica, que se tornou a maior instituição do Ocidente europeu. Sua riqueza era incalculável, sua organização hierárquica era sólida, e a herança cultural greco-romana permitia-lhe exercer forte hegemonia ideológica e cultural, no que se convencionou chamar de teocentrismo, do grego *theos* (Deus) e *kenton* (centro). Hodiernamente no Brasil, é fato, tal poder vem sendo paulatinamente exercido pelas igrejas neopentecostais. Só uma coisa não mudou: o coronelismo religioso.

O fiel que vai à igreja, assim como aquele que vê a TV ou ouve a programação radiofônica religiosa não deve ser cooptado recebendo "orientação política", por certo não foi este o seu propósito, senão o de ser religiosamente orientado, ter a sua fé fortalecida, sabido que muitos daqueles que procuram um templo, via de regra, são pessoas emocionalmente abaladas, de sorte que a manipulação mental de pessoas neste estado é fácil, estando elas potencialmente subjugadas, especialmente por aqueles que se apresentam como os interlocutores entre a terra e o céu,

É evidente o propósito das igrejas neopentecostais de quererem trazer à voga um tempo em que os reis eram uma escolha divina, estando, portanto, justificados seus poderes e seus gastos pela religião, a qual justificava as ações governamentais. Por esta razão, nada mais justo que ocupem posições de liderança, até como forma de garantir a ordem entre os não escolhidos.

Os Papas desta época desempenhavam um papel secular de tamanha importância na Europa Ocidental que muitas das vezes serviam de árbitros entre os monarcas evitando guerras inclusive. O Rei Luís XI, da França é inclusive considerado santo da Igreja Católica. O Estado do Vaticano até hoje é considerado um território independente dentro de Roma, sendo o Papa reconhecido como um Chefe de Estado.

Veio então a era moderna, o período renascentista, quando o homem passa a ter uma visão mais antropocêntrica do seu ser e acerca de sua realidade. Nestes séculos XV e XVI uma nova leitura acerca do mundo e dos pensamentos em voga a respeito da natureza é feita, eis que até então sacralizados e dogmatizados pela forte influência que o poder da Igreja Católica exercia no período medieval[132].

---

132 "O advento da modernidade se configurou como uma era de extremos, cuja polissemia de entendimento ainda hoje alimenta as penas que se debruçam para entender o passado, o presente e o futuro. De fato, a era moderna foi um marco para a história da civilização ocidental enquanto aspirante do progresso, do bem estar universal e irrefreável, mas também foi centro de grandes ambivalências: em nome do desenvolvimento humano patrocinado pelas luzes da Auflkärung burguesa, proclamada incisivamente na revolução de 1789, os modernos acabaram encaminhando a humanidade – simultaneamente – ao ápice do progresso e da involução. A modernidade foi um período de intensas revoluções possibilitadas pela combustão processual do movimento Renascentista, que passou a redirecionar a consciência humana para si mesma, distanciando-a dos pressupostos heterônomos da Idade Média, gerenciados pela cristandade e pela nobreza feudal. A virada do foco artístico e científico para o ser humano deixou claro o intento moderno: colocar o homem no centro do universo através do uso de sua potência racional. Um exemplo disso é a inovação de Leonardo Da Vinci na criação do quadro Monalisa, que marca essa exaltação antropocêntrica ao desatrelar o foco da arte às questões sacras, marca do medievo. No mesmo passo Nicolau Copérnico, com seu heliocentrismo: superando o sistema geocêntrico, ele também passava a desestabilizar o teocentrismo que sempre se apoiou nessa tese de Ptolomeu, subsistente desde o séc. II a. C. Em suma, tendo suas bases teóricas abaladas, a religião – até então inquestionável – perdeu seu poder de coesão social e sua centralidade na determinação cultural. Esse foi um estágio de grandes turbulências ontológicas, metafísicas, antropológicas. A modernidade desenvolveu um novo espírito humano, cujo alicerce fundamental foi a crença na potencialidade de seu saber, revelado na e pela razão e manifesto em

Em que pese esta novel visão antropocêntrica, as instituições religiosas, tanto o catolicismo como as que surgiram, sempre tiveram ciência da força política do sagrado, e foram, e ainda são, tentadas pelo desejo do poder político, seja sua motivação política ou religiosa, em desvelo à democracia na medida em que esta passa a se subordinar ao poder religioso. O discurso religioso sempre teve a intenção de ser a expressão da verdade e do sentido global, no máximo tolerando estar ao lado de outro discurso, sendo, por isto, um discurso de poder, que exclui o diverso e, mais que isto, o condena à excomunhão.

É inegável o poder da religião na vida da imensa maioria das pessoas com seu papel de conscientização social, de mobilização, impondo condutas – comissivas e omissivas. O historiador Geoffrey Blainey (2007, p. 181) afirma que "todos os triunfos da ciência e da tecnologia foram superficiais: foi mais fácil dominar as doenças do que o comportamento humano".

Simone Bohn (2004, p. 303) realizou estudo sobre as semelhanças entre fiéis de religiões afro-brasileiras, católicos e evangélicos a respeito do nível de renda e escolaridade, criando o que denominou de "grau de exposição à autoridade religiosa", esta variável é a frequência com que os fiéis participam de missas e cultos. Segundo suas conclusões, fiéis com baixo grau de religiosidade seriam aqueles que raramente vão aos cultos, missas, ses-

---

várias dimensões da cultura, como a filosofia, a literatura, a música, a arquitetura e as artes em geral. Emergia, então, um audacioso projeto civilizatório: unir todos os esforços da razão – eleita a juíza magna do universo – para idealizar um futuro perfeito, cujo progresso irrefreável possibilitasse um bem estar social tão grandioso que nunca ninguém ousaria proclamar nostalgicamente o passado. O hoje, segundo os modernos, deveria ser sempre melhor do que o ontem e o amanhã sempre melhor do que o hoje. Para tanto, reiteramos: A modernidade trouxe em seu ventre a técnica (e o desejo de fabricar um novo mundo), a física (em seu desejo de desbravar o universo e decodificar seus mistérios), um novo método científico e, dentre estes e outros, o mais importante, um novo homem, liberto da enfática concepção medieval de sua natureza pecadora e limitada" (RUFINO; MENEZES, 2007, p. 104–105).

sões, etc. Já aqueles com médio grau iriam uma ou duas vezes por mês; por fim, o alto nível é integrado por aqueles que frequentam um ou duas vezes por semana.

Ainda, segundo a pesquisa, os evangélicos apresentam cerca de 82,65% dos fiéis que integram o grupo tido como com de alto grau de exposição, o que quer dizer: vão ao culto uma ou duas vezes por semana. A título de comparação, os adeptos de religiões afro-brasileiras, que ficam na segunda posição, têm 50% de seus fiéis com alto grau de exposição, ficando os kardecistas em terceiro (49,18%) e os católicos em quarto com apenas 35,71%. Na margem oposta, os evangélicos apresentaram o menor número de fiéis com baixo grau de exposição (9,69%), enquanto católicos, kardecistas e adeptos de religiões afro-brasileiras apresentaram 40,46%, 32,79% e 31,82%, respectivamente. A conclusão óbvia que se alcança é que, aquele que mais se expõe, mais vulnerável fica a ser "abusado", daí porque a maioria dos réus nas ações eleitorais que buscam a cassação de políticos que abusam de seu poder sejam pastores evangélicos (BOHN, 2004, p. 304).

Mesmo após eleitos, alguns religiosos, a exemplo do Prefeito do Rio de Janeiro – RJ, o bispo Marcelo Crivella, passaram a responder a ações civis públicas por atos de improbidade administrativa pelo fato específico, no caso, do prefeito fluminense, de usar escola pública municipal para eventos da IURD, se valendo inclusive do temor reverencial numa inescusável ofensa à laicidade que informa o Estado brasileiro. Este, como a maioria dos líderes evangélicos, se julga perseguido, nunca admitindo seus erros, não se dando conta que defender a laicidade estatal a todo custo não é aquilo que realmente importa, senão assegurar igual direito e consideração religiosos para todas as empresas e consumidores de salvação. A melhor posição que um Estado dito laico pode adotar é a menor regulação possível das atividades religiosas, o que não

Abuso do Poder Religioso nas Eleições

implica dizer que Estado laico seja Estado sem religião, são coisas distintas que devem ser postas em seus devidos lugares.

O caso concreto supracitado serve para destacar que o abuso de poder religioso ocorre sempre que a estrutura eclesiástica, seus meios de comunicação, seu poderio econômico, enfim, sejam usados em campanhas políticas e no exercício do poder, sendo algumas das vezes transmudados de atos religiosos para atos políticos, numa verdadeira encenação da fé. Esta permanente abordagem do tema político no meio eclesiástico, e vice versa, esta "oficialização" de religiosos na política, lamentavelmente tem gerado episódios de corrupção[133], mais das vezes porque, uma vez eleitos, tais ditos religiosos buscam sempre extrair benefícios do Estado para fortalecimento institucional e atendimento de seus interesses particulares.

Considerando que, segundo sociólogos estudiosos do tema como Paul Freston, esta presença evangélica na política tende a crescer, acompanhando o crescimento numérico da mesma comunidade, eis que é praticamente inevitável que a sociedade cobre um posicionamento político quando se representa entre 20 e 30% da população. Tal crescimento, inexoravelmente, gerará uma maior responsabilidade política, especialmente num país em que mais de 70% da população deposita muita ou alguma confiança nas igrejas (IBGE, 2012, *on-line*). Para o mesmo autor, portanto, a relação entre religião e política se mostra inevitável, porém isto não necessariamente tem que significar que haja uma relação Igreja/Estado (FRESTON, 1994, p. 196).

---

133 Na verdade, podem tais condutas ser inclusive caracterizadas como criminosas, à luz do quanto dispõe o art. 301 do Código Eleitoral: "Usar de violência ou grave ameaça para coagir alguém a votar, ou não votar, em determinado candidato ou partido, ainda que os fins visados não sejam conseguidos", ainda que a única coação psicológica específica na legislação eleitoral seja aquela exercida por servidor público (art. 300).

Maria das Dores Campos Machado (2012, p. 12), por seu turno, entende que a separação Estado/igreja não suprimiu a religião da arena política brasileira, tendo ocorrido apenas o ingresso de novos personagens, somando-se aos católicos os evangélicos, atraídos pela teologia da prosperidade, que: "promoveu um deslocamento das expectativas milenaristas dos pentecostais de salvação para uma vida de graças no presente, e favoreceu a inserção dos pentecostais na política partidária". Seu êxito nas disputas eleitorais seria, para ela, o resultado de um rápido processo de formação de lideranças e de uma intensa socialização dos fiéis, além da adoção de um modelo corporativo de representação política com o lançamento de candidaturas oficiais. A criação de entidades como o Fórum Evangélico Nacional de Ação Social e Política (2002) e a Frente Parlamentar Evangélica (2003) é sintomática da ampliação da capacidade de mobilização e organização dos parlamentares na defesa dos interesses supra denominacionais, da mesma forma que o engajamento de novos sujeitos coletivos e individuais no debate político.

Ao argumento de que "controlar" as pregações ofenderia a liberdade de expressão religiosa, se contrapõe a necessidade de se preservar o voto livre e consciente do eleitor da influência do fenômeno religioso eis que as pregações são, sem dúvida, um veículo difusor de doutrinas que alcança um número indeterminado de pessoas, fortíssimo meio de comunicação, quiçá o mais poderoso de todos, já que tem a capacidade de atingir um dos sentimentos transcendentais do ser humano que é a sua fé.

Ante teologias que deliberada e despudoradamente pregam a dominação, se valendo da pressão psicológica propondo, para isto, inclusive o extermínio dos concorrentes, mostrando-se ávidas pelo poder em todas as suas esferas (religioso, econômico e político), tal fenômeno deve ser estudado não exclusivamente pelo lado religio-

Abuso do Poder Religioso nas Eleições

so ou jurídico, senão também pelo antropológico. Em situações que tais, a força do Estado juiz necessita se impor, estabelecendo limites, fixando regras, lançando punições, sob pena do jogo democrático restar enfraquecido por ofensa capital a seus princípios basilares especificamente o equilíbrio de forças que deve haver entre os postulantes a cargos eletivos, os chamados *players*.

Esta novel espécie de abuso é praticada por múltiplas e variadas formas, que vão da corrupção ao assédio moral, até o aproveitamento da boa-fé e da crença dos fiéis por parte de alguns líderes religiosos para obterem seus votos e conseguirem seus mandatos, sabedores que a promoção de candidatos alheios à instituição é mais trabalhosa. Há um evidente e indissociável caráter metafísico nesse tipo de influência, muito mais difícil de ser barrada que uma simples compra de votos, feita com dinheiro por exemplo. Ao fim e ao cabo, a conclusão que se alcança é que o discurso leva os crentes a enxergarem o voto muito além do que aquilo realmente é: um simples exercício de cidadania.

A atenção que se deve ter para a eventual configuração deste tipo de abuso é com a peculiaridade de cada caso, que é o que definirá a licitude ou ilicitude de um líder religioso quando do seu contato com os fiéis durante o período eleitoral. Quando a força do carisma é tomada de empréstimo com o fito de legitimar interesses alheios aos da fé, passando a religião a ser uma espécie de política sem o fenômeno da transcendência, descaracterizadas restam as condutas religiosas, que passam a ter por fim influenciar de forma negativa e ilegal a vontade dos fiéis no momento do voto, ferindo de morte a democracia e a soberania populares. É neste momento que os radares da Justiça Eleitoral devem ser acionados.

Os nefastos fenômenos eleitorais do coronelismo e do assistencialismo político não devem aparelhar candidatos religiosos a ponto de transmudá-los em agentes prontos a servir à instituição à qual pertençam. Segundo o escólio de Josué de Souza (2016, p. 101), o ativismo político religioso vem se protagonizando, não se podendo fazer uma análise hodierna da política brasileira sem se levar em conta a participação dos grupos religiosos, nos quais há uma centralidade em torno dos candidatos oficiais, que se tornam reféns da manipulação de seus líderes, inquestionavelmente dotados de capacidade de persuasão e convencimento ideológico.

Este fenômeno da pós-modernidade, de se ressaltar a filiação religiosa como marketing político, tem se tornado ordinário, haja vista a candidatura de artistas gospel e pastores populares que transformam seus carismas religiosos em votos, num visível agravo das ideologias política em panegírico a personalidades, sendo ainda recorrente a indicação de candidatos que são filhos ou familiares de lideranças religiosas. Urge, portanto, por esta e por tantas outras razões dispostas ao longo desta obra, seja gerada no mundo jurídico a figura do abuso do poder religioso.

Por conta de terem sido os pastores das igrejas neopentecostais os primeiros a serem punidos com a novel configuração, estes se julgam perseguidos[134], que padecem de preconceito, de uma espécie de guerra espiritual, vítimas da "cristofobia"[135], sujeitos a um controle por parte do Estado atentatório à liberdade religiosa de matriz constitucional. Ocorre que, como dito, suas pregações, por terem forte carga emocional e apelarem para os sentimentos muito mais os expõem. Interessante notar que estes que se julgam "persegui-

---

134 A alegação de perseguição improcede, já que o pentecostalismo clássico adota uma teologia sectária, por conseguinte de não envolvimento com as coisas mundanas.

135 *Religious target*, na expressão cunhada por Maria Cláudia Bucchianeri Pinheiro (2013, p. 53).

dos", ironicamente, apregoam a "guerra santa"[136], mostrando-se intolerantes sob o ponto de vista religioso, em que pese clamem por tolerância e liberdade religiosa.

A participação política apresenta-se, por sua vez, como a consequência inafastável da tentativa de domínio das massas através da expansão vertiginosa dos templos – cada vez mais grandiosos – das *holding* empresariais da fé que se tornaram as igrejas neopentecostais, da maciça presença nos meios de comunicação, etc. Para aqueles religiosos, por decorrência lógica, a política não poderia ficar de fora, cabendo à pré-falada massa aprender a votar conforme a orientação de seus líderes religiosos, independente de conhecer o perfil dos candidatos receitados e a que partido pertençam. A massa votante teria assim a missão de votar nos representantes de Deus (FERRARI, 2007, p. 91). A pregação também inclui a presença demoníaca na política, que precisa ser substituída, para tanto devendo ser eleitos representantes de Deus em contra ponto.

A crença em espíritos territoriais se tornou arma política de pastores evangélicos, Apregoam que sua ocupação dos cargos políticos defenestraria a corrupção que impregna tais espíritos, trazendo benefícios para toda a sociedade. Segundo a leitura que faz Ricardo Mariano (1999, p. 102), na visão daqueles, sua chegada ao poder serviria ainda para: "desalojar parlamentares infiéis, idolatras, macumbeiros e adeptos de práticas pagãs, parcialmente culpados pelas terríveis maldições que recaem sobre o país". Sustentam que, uma

---

136 O evangélico declarado Paul Freston, em sua obra "Religião e Política, Sim; Igreja e Estado, Não", ao se reportar à guerra santa assim o faz: "A guerra espiritual, como entendida atualmente, também não nos ajudará a ter um papel ético na sociedade. Ela prega soluções ritualísticas. Joga para um nível místico coisas que devem ser enfrentadas eticamente. A Bíblia não apresenta um mundo cheio de espíritos e poderes mágicos... E a resposta da igreja não é ritual (como exorcizar "o demônio da corrupção"), mas é a mensagem dos profetas endereçada às instâncias humanas envolvidas" (FRESTON, 2006, p. 43).

vez tendo valimento, teriam a privilegiada oportunidade de poder interceder, nos planos material e espiritual, diretamente no próprio local onde se alojam poderosos demônios territoriais.

Consoante explicitado no capítulo segundo desta obra, as igrejas neopentecostais se apoiam nas teologias do domínio e da prosperidade, pressupondo aquela a dominação sociopolítica, uma espécie de cristianização da sociedade pela via político partidária com o imprescindível apoio midiático, os chamados rádio evangelismo e tele evangelismo (os "devotos de sofá"). Ambas as teologias se propõem a resolver magicamente os problemas cotidianos de sua membresia, seu apego às coisas mundanas é inescondível, sua meta de crescimento denominacional idem, nisto diferindo diametralmente do pentecostalismo clássico que dá mais importância à salvação celestial.

Josué de Souza (2016, p. 102) foi preciso ao afirmar que a instrumentalização da religião pela política não é uma invenção de líderes religiosos pentecostais, mas que estes: "ao saírem do campo religioso para atuar no campo político, atuam conforme as regras e estruturas existentes neste campo". Noutras palavras, ao transporem os muros dos templos mergulham na lógica do "toma lá, dá cá", que é a regularidade do campo político brasileiro, infelizmente, eufemisticamente chamada de presidencialismo de coalizão.

Neste país, erguidos às sombras e luzes de uma instituição religiosa que está passando por um processo de quebra do monopólio hegemônico, a secularidade não deixa de ser um assombroso fantasma.

Fato é que as igrejas neopentecostais, especificamente a Assembleia de Deus e a IURD são um fenômeno eleitoral. Sua entrada na política visa, conforme dito, além da conquista do poder, o atendimento dos interesses corporativos da *holding* para além das causas evangélicas. A sociologia, alheia a questões técnico jurídicas à luz da legislação eleitoral vigente, já identificou sua forma de agir.

Em sua obra, Ricardo Mariano (1999, p. 81), reportando-se especificamente à Universal, discorre que esta não mede esforços para eleger seus candidatos, nem tenta, como o fazem outras igrejas pentecostais, escamotear, por meio de subterfúgios vários, tal propósito dos fiéis. Sem se ressentir do peso da tradição sectária e apolítica do pentecostalismo, de seus líderes não são cobradas maiores explicações para justificar a sua participação no jogo político partidário. Segundo ele, durante o processo eleitoral, pastores e bispos pedem abertamente votos para eles do alto do púlpito, além de: "obreiros distribuírem 'santinhos' e suas emissoras de rádio e TV fazerem propaganda eleitoral, convidando, por exemplo, para participar de entrevistas em programas 'jornalísticos'". Fato é que é forte e considerável a disciplina denominacional e a ampla obediência da membresia quanto à extensão de sua lealdade religiosa para o campo político eleitoral. Encerra fazendo grave acusação:

> Desse aprendizado resulta o cadastramento dos frequentadores da igreja, feito a partir de meados de 1997. A ficha cadastral pergunta o número do título de eleitor do fiel, sua cidade, zona e seção eleitorais. De posse desses dados, a igreja pode definir, com maior precisão, o número de votos de que (teoricamente) dispõe, sua distribuição por bairros, cidades e Estados, assim como pode avaliar, com maior margem de segurança, quantos candidatos pode lançar e eleger em determinada região. E, passadas as eleições, pode verificar as regiões em que os fiéis apresentam maior fidelidade eleitoral. (MARIANO, 1999, p. 81–82)

Ainda não houve uma alteração semântica dos preceitos normativos, estando o abuso do poder religioso a ter sua viabilidade jurídica pelo abuso do poder de autoridade[137] e pelo abuso do poder econômico em situações pontuais, evidentemente respeitado o brocardo romano do *nullum crimen, nulla poena sine lege* (não há crime, nem pena, sem lei anterior que o defina), entretanto não deve tardar a que se proceda à mencionada alteração, que deverá acompanhar a dinâmica da vida. À lacuna legislativa conceituando este tipo de abuso, a doutrina começa a se antecipar e estabelecer as suas hipóteses.

Segundo o escólio de Mirla Cutrim (2010, *on-line*), são verificados abusos que vão desde a época designada no calendário eleitoral para que se registem as candidaturas até o(s) dia(s) propriamente atempado(s) para a realização do pleito, passando em seguida a exemplificar as práticas mais comumente verificadas:

> Registro de números de candidaturas que possuam identificação com números bíblicos; criação de células dentro do seio da entidade religiosa com o intuito de arregimentar os discípulos como cabos eleitorais; pedidos de votos na porta das igrejas e até mesmo apelos mais enfáticos e impositivos vindos do altar, durante os cultos de celebração, tudo amparado na crença e, por vezes, na ignorância e inocência dos fiéis seguidores.

Frederico Alvim, boquejando acerca da falta de tipicidade, em postura crítica àqueles que se balizam no princípio da legalidade, assertoa que a legitimidade que deve ser infligida ao processo eleitoral permite "sem a extrapolação do marco constitucional positivado, a punição de quaisquer atos que, na prática, violem os valores inerentes à garantia da legitimidade das eleições", de modo especial a liberdade para a autodeterminação do voto e a manu-

---

137 Para Frederico Alvim (2019, p. 286), para que se fale em conduta religiosa como reflexo de um exercício de autoridade deve-se presenciar um grau de alienação talvez só encontrado em seitas radicais e ordens fanáticas.

tenção da igualdade da disputa. Restariam, portanto, autorizados, sob sua perspectiva, os art. 14, §9º, da CF c/c art. 22 da lei complementar n.º 64/90 a, no limite, prestarem-se a repreender quaisquer modalidades de abuso de poder (ALVIM, 2019, p. 285–286).

Realmente, o arranjo constitucional mostra-se insuficiente, ao dispor, apenas e tão somente, que igrejas não podem financiar candidaturas e em templos não se podem realizar comícios[138] sob pena de fiéis serem abusados psicologicamente, assediados moralmente, num evidente prejuízo à soberania e à legitimidade do pleito. A democracia não pode ser arruinada, ainda que deva ser mitigada a liberdade de expressão religiosa, ou qualquer outra liberdade pública, o que é perfeitamente concebível para preservação dos interesses da maioria e de outros interesses igualmente caros à sociedade. Como dito, a Constituição Federal assegura o livre exercício do culto religioso enquanto aquele não contrariar a ordem e for compatível com os bons costumes, o que não impede, senão exige, que seja suprida a lacuna legislativa mencionada.

---

138 Questão que se discute é se, fora dos templos, em celebrações religiosas do tipo campestre, se seria permitida propaganda política ou discursos eleitorais. Em tais casos, é importante que se investigue quem custeou tal evento, a fim de se configurar (ou não) eventual abuso de poder econômico.

Considerações Finais

As conclusões da obra apresentada, dotada de natureza interdisciplinar – religião, ciência política, direito constitucional e eleitoral – serão expostas de maneira sumariada, contemplando o exposto ao longo de seus três capítulos, finalizando com as possíveis soluções alcançadas após o aprofundamento no tema e nas pesquisas correlatas.

Deste modo, a obra sustentou-se em argumentos fortes e coesos, especialmente por transitar em terreno pouco explorado, seja por pesquisadores do direito ou por jurisprudência. A curiosidade acadêmica e profissional conduziu as pesquisas, com cores de ineditismo, que carregam a responsabilidade de impactar no labor e nas pesquisas da comunidade científica, com raio de abrangência que se estende às Cortes eleitorais.

Vergar sobre a religião talvez tenha sido o maior dos desafios, dada sua importância na vida do ser humano. Tal debruçamento, no entanto, afigurou-se imprescindível para se compreender o que ocorre no Brasil a olhos vistos, que é o crescimento sem parâmetros das igrejas neopentecostais e sua quase que proporcional penetração no campo político partidário.

O homem sempre buscou se relacionar com o sobrenatural, como forma de encontrar explicações para as catástrofes naturais que o acometiam, para as doenças que o faziam padecer e o dizimavam, cujas origens e tratamentos desconhecia e, mais fortemente, para a morte, este inevitável e até hoje perturbador fenômeno. Nesta busca é que surgem as crenças, as religiões com suas teologias, doutrinas, liturgias e cultos, e sua incontestável força e presença em nossas vidas.

Neste extenso universo, de tantas e tão distintas religiões; a partir do instante em que o homem se desloca, de forma mais e mais veloz, e começa a se inter-relacionar passando a ter contato com distintas culturas; é que surgem os conflitos, as tentativas de dominação do mais fraco pelo mais forte. Foi natural que houvesse uma reação das pessoas quando sua fé foi atacada, daí porque as conquistas e principais guerras da humanidade sempre tiveram a questão religiosa como pano de fundo, não tendo muita coisa mudado no correr dos tempos – a complexa situação do Oriente Médio é prova disso.

Com a criação dos Estados, os primeiros monarcas logo se dão conta da importância da religião que abarcava o maior número de fiéis desde então – o catolicismo romano, e, à impossibilidade de esgrimir com seu poder, a ela se unem, impondo juntos sua fé, com autoritarismo e dizimações em massa, em nome da mantença umbilical no poder daquele clero e daqueles reis.

É quando a população, até então analfabeta em sua imensa maioria, começa a se letrar, paralelamente surgindo a imprensa, o que veio a facilitar o acesso aos escritos religiosos, brotando, desta conjunção, a crítica protestante àquele cristianismo autoritário, hierarquizado e sanguinolento, bem como ao Estado secularizado.

Surge, então, na Europa, o conceito de Estado laico, não aplicável à colônia, nesta época formada por uma sociedade com forte sincretismo religioso, já que, no Brasil, ao cristianismo dominante do colonizador português se contrapunham as crenças indígenas e as religiões de matriz africana.

Após a ascensão da República, a primeira Constituição deste período, a de 1891, prevê a separação Estado/religião, impondo inclusive ressalvas à participação política de religiosos (art. 70, n.º 4) – no que não foi copiada pelas subsequentes, inclusive a atual – erguendo a liberdade religiosa ao patamar de direito fundamental.

Até que a maioria das civilizações atingisse o atual status de erigir a liberdade religiosa como um direito humano muito se combateu em seu nome, já que a religião forneceu o substrato teórico justificante para as conquistas e dominações, sem o qual os exércitos, por mais bem equipados e treinados que fossem, não conseguiriam subjugar e manter sob o seu jugo tantas populações dos territórios que incorporavam. Cônscios deste poder, líderes políticos como um todo sempre se mantiveram (e ainda se mantêm) próximos de líderes religiosos – evidentemente que daqueles que comandassem as confissões com maior número de seguidores – naquilo que se pode chamar de uma instrumentalização recíproca.

Isto fez com que o Brasil, mesmo com os desgastes que longos períodos de dominação católica invariavelmente acarretaram, e ainda após os cismas e a Reforma Protestante (1517) e, por fim, com a separação igreja/ Estado (1891), tivesse uma população majoritariamente professante daquela fé religiosa, além de ser sua população adepta de alguma confissão – ou até mais de mais uma – num fenômeno tipicamente brasileiro. A nível mundial, neste país, é ínfima a quantidade de declaradamente ateus e agnósticos.

Assim como o poder político é efêmero e passageiro, tal qual o é o religioso. Determinada confissão que outrora possa ter dominado, é natural tenha, com o passar dos anos e por inúmeras razões, parte de seu rebanho desgarrado para outros credos. Importa mesmo ressaltar é que as religiões dominantes de qualquer época naturalmente tenderão a se aproximar da política e de seus líderes, querendo ser também um deles, e o contrário idem, num processo que se retroalimenta.

Tal junção, não mais oficial, já fora desaconselhada pelo maior dos líderes, ao vaticinar que dever-se-ia: "Dar a César o que **fosse** de César, e a Deus o que **fosse** de Deus" (BÍBLIA, Mateus 22:21, grifou-se), entretanto, tal é a tentação, que ouvidos mocos são feitos a este Seu ensinamento. Em se imiscuindo no jogo político, religiosos aderem às práticas de conquista do voto, incorrendo nos equívocos que os levam a questionamentos perante as Cortes eleitorais.

Àqueles que entendem como desnecessária e até redundante tal imputação, intitulada de abuso do poder religioso, em exortação injustificada ao motivo fomentador do abuso, a história fornece-lhes a resposta, a sociologia idem. Ao lado do poder econômico, do político e da mídia, não se pode deixar de elencar o religioso; não é cabível se pretender alinhá-lo a outros grupos sociais de somenos relevância, assim como também não se pode deixar de reconhecer outras formas de abuso que o arranjo nacional se mostra curto para abarcar.

Destarte, a religião desde sempre foi considerada como elemento do poder, ora como móvel para a perpetuação daquele, ora como instrumento de resistência contra quem pretendesse tomá-lo. Estados e Igrejas sempre se aliaram, desempenhando papéis distintos e pré-estabelecidos; expandiram-se, funcionando, o primeiro, como decisiva plataforma de propagação da fé religiosa, que, por sua vez, legitimava as conquistas territoriais, fornecendo identidade cultural e religiosa e implantando a ideia de autoridade, o que servia de anteparo a eventuais revoltas dos conquistados.

A hegemônica Igreja Católica manteve-se centralizada, ainda que impérios vários tivessem se esfacelado ao seu lado, e, a partir desta identidade própria, se colocando acima sob o ponto de vista do poder dos feudos, principados e reinos que se derivaram. Esse *status*, se por um lado a permitiu afirmar-se enquanto instância terrena de poder, a fez submergir em corrupções morais, sendo desta época a cobrança das indulgências, os sortilégios e os tribunais da santa inquisição, apenas para ficar nestes exemplos. Ante tal cenário, revoltas explodiram, e a igreja

Abuso do Poder Religioso nas Eleições

de Roma rachou, sendo a Reforma Protestante o mais conhecido dentre aqueles movimentos de ruptura.

A Reforma origina a separação Igreja/Estado, limitando-se inicialmente à religião, partindo doravante para a esfera privada e, com isto, naturalmente, a Igreja Católica perde significativa parcela do poder de outrora. Ocorreu, no entanto, que esta também foi a época das grandes navegações, da conquista do chamado Novo Mundo, habitado por indígenas que cultuavam os deuses da natureza. A Igreja Católica é, então, chamada a fazer parte da tripulação das primeiras naus que desembarcam nas Américas do Sul e Central, eis que a América do Norte restou colonizada pelos povos anglo-saxões, que lá implantaram a religião protestante, a qual estava umbilicalmente ligada às noções do capitalismo.

A Igreja Católica volta, destarte, ao palco do poder, prestando-se a ser novamente instrumento de coesão, fornecendo as bases teóricas que permitiram a submissão dos povos colonizados, implantando a ideia de que a colonização da colônia pela metrópole era a vontade de Deus. E o que ganhava com isto? Mais almas; enquanto o Estado ganhava mais impostos produzidos por um quinto do suor dos corpos que habitavam tais almas, simples assim.

Tal hegemonia a tornou, até os dias atuais, a religião com o maior número de fiéis, ditando padrões socioculturais e dominando o ensino, eminentemente religioso, mantendo, desta forma, a mentalidade submissa e a ordem nas colônias, a chamada coesão social que servia de antídoto às revoltas que poderiam ameaçar o Estado e o senhorio. A Igreja Católica implanta desta forma o chamado regime do padroado, pelo qual forneceria para o Estado a receita proveniente dos dízimos e ofertas que arrecadava, cabendo a este, em contrapartida, criar cargos eclesiais, construir templos etc.

Nesse contexto, tem-se a narrativa deste preâmbulo, com breve digressão histórica, para demonstrar como data de priscas eras a utilização, por líderes políticos, da retórica religiosa para legitimar suas ideias, prestando-se a fé como inconteste elemento de dominação. A aliança religião/política, que quase que inexoravelmente resvala na coalizão Igreja/Estado, não é, portanto, novidade, nem a nível mundial, nem a nível local.

Mas não somente se utilizando as igrejas católica e protestante suso citadas assim procedem, senão também o islamismo na península arábica, este inclusive com forte viés violento dado o fundamentalismo que adota. O mesmo ocorrendo nos países muçulmanos, cuja relação da política com os líderes religiosos é umbilical. Na Rússia igualmente é notável a relação de cumplicidade entre o governo e a igreja ortodoxa, além de, na China, ser o confucionismo a base filosófica para a construção e mantença de uma hierarquia social.

É esta capilaridade do poder religioso que aponta para a imensa dificuldade em se traçar os contornos de um Estado laico num país como o Brasil, que foi descoberto dentro de um contexto e com as características históricas suso traçadas. Evidentemente que, para ser um Estado laico, não é preciso que seja erguido um muro a impedir as relações com a religião, não se trata absolutamente disto, senão de serem bem definidas as fronteiras, a fim inclusive de se legitimar a democracia, já que a liberdade e a igualdade são bases de sustentação daquela.

Dando um salto histórico para este Brasil do século XXI, o que se constata é que, em que pese haja franca queda no número de católicos, a sociedade ainda se considera como tal, sendo para alguns o catolicismo uma religião "semioficial". A começar pelo conceito de autoridade religiosa, que está quase sempre adstrito ao clero.

Entretanto, conforme dito, é inegável o declínio em termos de número de fiéis daquela que outrora dominou o cenário religioso brasileiro. Neste movimento pendular, as igrejas evan-

Abuso do Poder Religioso nas Eleições

gélicas, mormente as pentecostais, encontram-se em franca ascensão. Prova disto é que, numa tentativa quase que desesperada de conter tal crescimento e reagrupar seu rebanho desgarrado, a igreja de Roma passou a investir em seu movimento carismático, a canonizar santos em tempo recorde e até a cogitar a permissão para que religiosas celebrassem nos rincões da Amazônia onde sua presença é pífia.

Assim é que, enquanto a Igreja Católica, por conta de sua doutrina litúrgica e imposições desarrazoadas para a sociedade do século XXI encontra-se em decréscimo, as igrejas neopentecostais encontram-se numa espiral crescente, muito devido a seu inegável apelo popular endereçado a um povo com elevado nível de vulnerabilidade tanto econômica quanto intelectual, sendo esta uma das constatações desta pesquisa.

A história inelutavelmente se repete, o que mudam são os personagens. Saem de cena padres dando lugar a pastores, talvez somente os políticos e suas alianças pouco ideológicas não mudem, em sua incessante luta de alcançar e manter-se no poder.

Da segunda metade do século passado para cá, as igrejas neopentecostais vem, paulatinamente, ocupando praticamente todos os ramos do poder. A partir do poder religioso, passaram a deter os poderes empresarial, econômico e midiático, de sorte que foi natural o caminho que as conduziu à busca pelo poder político, até mesmo para manter aquelas outras esferas de poder sob o seu jugo.

O problema não é este, este é o fato. Como indiferentes eleitorais, as igrejas podem almejar ocupar espaços públicos, elegendo representantes com mandatos eletivos ou tomando assento nas administrações públicas de quaisquer dos entes federativos. Igualmente a seus líderes não é proibido externarem suas preferências enquanto cidadãos dotados de capacidade eleitoral ativa. Entretanto, valer-se de sua inegável ascendência espiritual sobre seus seguidores chegando, em alguns casos, a coagi-los impingindo ameaças de castigos sobrenaturais caso os desobedeçam, é aí que o problema reside, e isto a pesquisa foi capaz de constatar.

A problemática se superlativa no Brasil, país em que a grande maioria da população professa alguma religião, muitas vezes frequentando mais de uma, tendo altos índices de reversibilidade em suas opções de fé – o que é fruto, inclusive, de seu voluntarismo religioso.

Neste cenário, o "falar divino" dos pastores em seus púlpitos e microfones deve, portanto, ser dotado de calibragens em seu conteúdo, não sendo fácil de ser vencido por aqueles que se utilizam apenas de palanques. Este falar é dotado de características como a reiteração e abrangência em períodos pré-determinados de veiculação (períodos eleitorais), escapando, por conseguinte, dos limites e parâmetros daquilo que se compreende como liberdade discursiva.

Estas pessoas jurídicas de direito privado se fazem presentes em todas as regiões do país, com capital imune à tributação, sendo, por conseguinte, financeiramente abastadas. Literalmente, some-se a isto que algumas destas igrejas adotam métodos heterodoxos ou pouco convencionais de arrecadação de dízimos e ofertas.

Seu império financeiro se ergue sem camuflagens, senão é abençoado à luz das teorias da prosperidade e do domínio. De "garagens divinas" a vistosas catedrais, não há localidade neste país continental em que não se façam presentes. Seus fiéis são assíduos e doutrinados a espalhar a Palavra, sendo glorificados quando, com o poder Daquela, convertem novéis irmãos.

Enfim, todas estas características tem despertado a cobiça dos políticos profissionais, que a elas querem se coligar, e questionamentos por parte daqueles outros, ateus ou não ligados a nenhuma destas religiões, sob a alegação de que, em alguns casos, tem se tornado os partidos políticos verdadeiras sucursais das igrejas, numa tentadora drenagem informal de prestígio, poder e recursos financeiros, pouco ou insuficientemente fiscalizada pelos órgãos com tal atribuição componentes da Justiça Eleitoral, não escapando o Ministério Público Eleitoral deste *mea culpa*.

A conclusão a que se chega, portanto, a partir de uma análise deste panorama no quadrante circunstancial em que se encontra, é que é premente a necessidade de se imporem limites à atuação de religiosos, quando atuando no *locus* do poder político, considerada também a reiterada arguição de sua prática perante as Cortes eleitorais, a demonstrar que as tentativas de freá-lo impostas pela legislação eleitoral tem se mostrado insuficientes.

Entretanto, não é unânime sua aceitação. Como sói ocorrer, há entendimentos abalizados que vão no sentido oposto. Para estes, as igrejas, enquanto grupos de interesse, são dotadas de liberdade para apoiar candidaturas que se mostrem mais afinadas com seus respectivos pensamentos e posicionamentos, para tanto inclusive orientando fiéis a respeito de quem seriam esses candidatos.

De fato, como já dito, não existe nenhuma norma no ordenamento jurídico-constitucional que retire das igrejas a prerrogativa de defenderem determinados posicionamentos, já que toda e qualquer pessoa, aí incluídos os líderes religiosos, pode externar suas preferências políticas e pode pedir votos para determinado(s) candidato(s). Situação diversa é fazer uso da ascendência espiritual que possuem em relação aos fiéis para, a partir daí, incutir em suas mentes que a escolha por determinado candidato se insere dentre as obrigações impostas pela instituição religiosa, em total desvelo ao direito de escolha que a todos assiste.

Até o ponto de se pedir o voto não se tem um problema, que passa a existir justamente no modo como tais votos são postulados. A pesquisa, mergulhando nas teologias que adotam (prosperidade e domínio), e pesquisando as confissões neopentecostais, de logo percebeu o centralismo que as distingue, identificando neste um problema de difícil superação.

As decisões, desde as mais simples às mais complexas, são quase sempre tomadas por uma minoria. Da escolha daquele que dentre eles (ou não) melhor se adequa aos interesses da confissão – sendo assim ungido em candidato oficial sem que outra atitude possa adotar senão aceitar a unção – até a abdução que a embriaguez litúrgica a que submetem os crentes (mais das vezes carentes), tudo é imposto sem margens à negociação, sendo o fogo eterno o castigo aos desobedientes.

Evidentemente que não se pode generalizar, considerar que todas as igrejas agem da mesma forma, entretanto, aquelas que eventualmente procedam da forma suso citada, não podem ter seus líderes classificados como autoridade para, a partir desta construção por analogia terem suas condutas imputadas como abuso do poder de autoridade, que difere do abuso do poder político.

Pela importância da religião na vida da imensa maioria da população brasileira, urge seja suprida a lacuna legislativa para se criar uma quarta figura ou espécie da qual o abuso de poder é gênero que seria o abuso do poder religioso, o qual viria a se somar ao tripé já existente, a saber, abuso do poder econômico, político e midiático.

As fundamentadas divergências à conceituação, ancoradas sob o prisma de a legislação eleitoral já dispor sobre a matéria, ainda que transversalmente, à medida que imputa como propaganda política ilegal aquela realiza em bens de uso comum como os templos (art. 37, *caput* e §4º da Lei n.º 9.504/97), bem como proíbe a doação eleitoral por pessoas jurídicas (ADI 4.560) não merecem acolhida, dado que as proibições legais tem se mostrado insuficientes na medida em que tem se repetido nas Cortes eleitorais acusações de abuso de poder envolvendo pastores.

Abuso do Poder Religioso nas Eleições

Outro ponto que não pode deixar de ser considerado é que o poder é polimorfo, a nível quantitativo e também qualitativo, existindo, além dos legislados poderes econômico, político e midiático outros, podendo todos serem chamados de poderes sociais. Partindo dessa visão, qualquer tentativa de classificar de forma totalmente abrangente e definitiva todas as formas de poder existentes é absolutamente inócua, insuficiente.

Daí porque, a pretensão dos arts. 14, §9º da CF c/c art. 22 da LC n.º 64/90 de serem taxativos, delimitando os poderes suso citados como únicos a sofrerem as sanções que contêm quando exercidos de forma exacerbada é equivocada e, pior ainda, propícia ao tolhimento ou à inibição de decisões judiciais que ousem declarar e/ou constituir formas atípicas de abuso de poder. O poder não obedece, e nunca obedecerá, a um catálogo preestabelecido de formas.

Há outras formas de abuso de poder, como o religioso aqui citado, o coercitivo e o do poder do universo digital, que ainda não existem como espécies autônomas de ilicitude eleitoral. Essa falha legislativa termina por pôr em risco a integridade dos pleitos, já que a *mens legis* concernentemente ao abuso de poder não visa punir ao candidato, tanto que prescinde do seu conhecimento acerca da prática, já que o objetivo da norma é resguardar a normalidade e legitimidade das eleições.

Dito isto, parece evidente que ao legislador pouca importância há no motivo fomentador do abuso, conforme assertoado anteriormente, interessando-lhe, sim, punir os excessos. Contudo, pela importância que a religião tem na vida da população, é de bom alvitre incluir o abuso do poder religioso à tríade legislada (político, econômico e midiático), sem prejuízo de se reconhecer outras formas de abuso não legisladas para tanto se servindo dos ensinamentos de racionalidade hermenêutica.

Nossa legislação eleitoral carece de aprimoramentos. Não os fazer é correr-se o risco de deixar impunes espécies de abuso as quais, ainda que não legisladas, não podem ser ignoradas, pois são, sem dúvida, capazes de comprometer a normalidade e a legitimidade dos pleitos.

O cuidado que se deve ter, no entanto, é não postular que todo e qualquer grupo ou classe social possa ter tipificado um abuso específico para si, como seriam, por exemplo: um abuso do poder militar ou abuso do poder ruralista. Pensar desta forma levar-nos-ia ao infinito e, pior, daria ênfase ao motivo que originou o abuso, quando o que se pretende é que sejam tolhidos os excessos potencialmente capazes de afetar o equilíbrio e a lisura dos pleitos.

Merece ser rechaçada igualmente a concepção que, compreendendo o caráter polimórfico do poder, sugere que suprir a lacuna legislativa criando-se a figura do abuso do poder religioso seria até mesmo preconceituoso com outros grupos de interesse que igualmente exercem pressão sobre seus apoiadores e seguidores, a exemplo de ambientalistas, ruralistas, gays, sindicalistas, dentre outros. Por tudo o quanto exposto nesta obra, e de forma bastante sucinta direta e objetiva: a religião encontra-se noutro patamar.

Ante a inexistência do tipo, a jurisprudência tem se valido da analogia (perigosa posto que *in malam parte*) para configurar tais práticas como de abuso do poder econômico e/ou de autoridade, o que, ao fim e ao cabo, não deixa de ser. Tal construção teórico jurisprudencial tem por base a teoria tridimensional de Miguel Reale, a qual dispõe que os fatos surgem antes dos valores e os valores, outrossim, surgem antes das normas.

À luz dos mais elementares fundamentos democráticos e sob o amparo da ampla liberdade de expressão religiosa, não se trata de, criando-se a figura do abuso do poder religioso tolher a participação política de religiosos, o que seria dar passos largos rumo

Abuso do Poder Religioso nas Eleições

ao retrocesso. As entidades religiosas, por conseguinte, são, sob este aspecto, eleitoralmente indiferentes. O problema, como dito e repisado, não é o fato de obterem votos para si ou para aqueles que apoiam, e sim a forma como tais votos são obtidos.

Como deixou claro o próprio Jesus Cristo na parábola do joio e do trigo, a Igreja será sempre formada de "santos e pecadores" (BÍBLIA, Mateus 13:24 – 3 36–43). O homem, portanto, não é imune ao pecado, e o baque para algumas religiões veio quando, alguns de seus líderes, atuando enquanto políticos, envolveram-se em atos de compra de votos e corrupção, tentados como o próprio Jesus Cristo fora pelo Diabo, maculando a imagem de puros e desapegados que literalmente venderam a seus fiéis.

O pecado não consistiu, contudo, em almejar o poder político, afinal, como dito, política e religião sempre foram faces distintas da mesma moeda, numa separação e colaboração recíprocas. Elas se precisam, por distintos interesses, a história, como dito e exposto, está aí para provar, o problema constatado pela pesquisa é o meio que está sendo utilizado por algumas igrejas neopentecostais para alcançarem e se manterem no poder político, isto faz com que a pecha de candura apregoada por seus candidatos se dissolva.

Políticos vivem de captar votos, é cediço, porém com propostas é como deve ser, e não com dinheiro, cargos, com o poder conferido à mídia e seus microfones, nem se valendo do seu "falar divino" do alto dos púlpitos transformados em palanques, pior ainda se o temor reverencial ditar as aludidas falas.

Registrar despudoradamente candidaturas vinculadas a nomes ou números bíblicos, arregimentar discípulos tornando-os cabos eleitorais, distribuir santinhos nas saídas dos templos, "pregar" com os apelos mais emocionais possíveis dos altares até as vésperas dos pleitos, inclusive por meio do rádio e tele evangelismo (abuso dos meios de comunicação), e mesmo fazer leituras equivocadas da palavra de Deus a ponto de ameaçar com o "fogo eterno" os votos contrários àqueles "homens de Deus", não poderia passar despercebido à Justiça Eleitoral, cuja existência se fundamenta em, dentre outras razões, manter a igualdade entre os candidatos, ricos ou pobres, com ou sem poder, religiosos ou ateus.

Aos direitos fundamentais, a interpretação que se deve dar é a sistemática, não podendo ser um ato, a um só tempo, contrário e conforme o Direito; e as soluções não só existem como foram apontadas, como a norte-americana, que revoga a por lá chamada isenção fiscal às confissões religiosas que ingressarem na política.

Esta solução vinda dos Estados Unidos da América poderia ser uma outra dimensão a ser conferida à alteração legislativa proposta. Não se pode desconhecer a existência da drenagem informal de recursos das igrejas para os partidos políticos, assim como a quase que intransponível dificuldade da Justiça Eleitoral em fiscalizá-las, de modo que, cortar-se na fonte poderia servir como desestímulo aos mal intencionados, e também como forma daqueles não se desnaturarem. Antecipando-se às críticas, não se parece que tal proposta signifique um tolhimento à capacidade eleitoral passiva, na medida em que, conforme mencionado, "os fatos surgem antes dos valores, e os valores surgem antes das normas".

A desincompatibilização das atividades eclesiais nos meses que antecedem aos pleitos como ocorre em vários países citados nesta pesquisa, igualmente me pareceu outra dimensão a ser discutida a nível de Parlamento. A título de exemplo, numa comparação dos religiosos candidatos com os profissionais de imprensa que busquem um mandato eletivo, critérios de equidade ficariam relegados.

Mas, para além das proposições outras trazidas por esta tese, a mais adequada, sem dúvida, seria o suprimento da lacuna legislativa criando-se no mundo jurídico a figura do abuso do poder religioso.

Abuso do Poder Religioso nas Eleições

"Dai a César o que é de César, e a Deus o que é Deus" (BÍBLIA, Mateus 22:21) é, por estas razões, o versículo que mais se afigurou consentâneo com as ideias lançadas nesta obra. O fenomenal – e único no mundo – crescimento das igrejas neopentecostais avistável no Brasil, em todos os ramos do poder, vem ocorrendo sob os nossos olhares, nem sempre emoldurados com óculos sensíveis a ponto de enxergá-lo.

Referências

ACI DIGITAL. Como o Papa responde ao desafio das seitas. **ACI Digital,** Lima, 2015. Disponível em: <https://www.acidigital.com/seitas/papa.htm>. Acesso em: 17 maio 2020.

ALEXY, Robert. **Constitucionalismo Discursivo**. Tradução de Luis Afonso Hecl. Porto Alegre: Livraria do Advogado, 2007.

ALMEIDA, Frederico Rafael Martins de; COSTA, Rafael Antônio. Abuso de poder religioso: os limites do discurso religioso no processo democrático. **Revista Paraná Eleitoral,** v. 4, n. 3, 2015.

ALMEIDA, Ronaldo. **A Universalização do Reino de Deus**. Dissertação (Mestrado em Antropologia Social) – UNICAMP. Campinas, 1996. Disponível em: <http://repositorio.unicamp.br/handle/REPOSIP/281592>. Acesso em: 10 mar. 2020.

ALVES, José Eustáquio Diniz. O voto evangélico garantiu a eleição de Jair Bolsonaro. **EcoDebate**, Rio de Janeiro, 31 out. 2018. Disponível em: <https://www.ecodebate.com.br/2018/10/31/o-voto-evangelico-garantiu-a-eleicao-de-jair-bolsonaro-artigo-de-jose-eustaquio-diniz-alves/>. Acesso em: 25 maio 2020.

ALVIM, Frederico Franco. **Abuso de Poder nas Competições Eleitorais**. Curitiba: Juruá Editora, 2019.

BARRETTO, Stênio de Freitas. Direito, **Religião, Liberdade Religiosa e Comportamento Parlamentar. Evolução na História**

Peterson Almeida Barbosa

até a **Atual Influência das Bancadas Religiosas**. 2. ed. Rio de Janeiro: Clube de Autores, 2016.

BATISTA JR, João. Os cultos do coronavírus. **Veja**, São Paulo, 11 maio 2020. Disponível em: <https://veja.abril.com.br/videos/em-pauta/os-cultos-do-coronavirus/>. Acesso em: 18 maio 2020.

BÍBLIA. Português. **Sagrada Bíblia Católica**: Antigo e Novo Testamentos. Tradução de José Simão. São Paulo: Sociedade Bíblica de Aparecida, 2008.

BITTENCOURT FILHO, José. **Matriz Religiosa Brasileira**. Petrópolis: Vozes, 2003.

BLAINEY, Geoffrey. **Uma Breve História do Mundo**. São Paulo: Argo Editora Fundamento, 2007.

BOHN, Simone. Evangélicos no Brasil. Perfil socioeconômico, afinidades ideológicas e determinantes do comportamento eleitoral. Campinas: **Opinião Pública**, v. 10, n. 2, 2004.

BONFATTI, Paulo. **A Expressão Popular do Sagrado:** uma análise psicoantropológica da Igreja Universal Do Reino De Deus. São Paulo: Paulinas, 2002.

BORGES, Anselmo. Religião, religiões e diálogo inter-religioso. Coimbra: **Revista Portuguesa de História.** Faculdade de Letras da Universidade de Coimbra, 2009.

BOTTON, Alain. **Religião para ateus**. Rio de Janeiro: Editora Intrínseca, 2012.

BOURDIEU, Pierre. **A gênese e estrutura do campo religioso. A economia das trocas simbólicas.** São Paulo: Perspectiva, 2005.

BRASIL. **Constituição da República Federativa do Brasil.** Brasília: Senado Federal, 1988. Disponível em: <http://www.planalt o.gov.br/ccivil_03/constituicao/constituicaocompilado.htm>. Acesso em: 10 out. 2019.

BRASIL. Lei n.º 3.071 de 1º de janeiro de 1916. **Código Civil.** Brasília. 1916. Disponível em: <http://www.planalto.gov.br/cciv il_03/leis/L3071.htm>. Acesso em: 14 out. 2018.

BRASIL. **Decreto-Lei n.º 2.848, de 7 de dezembro de 1940.** Código Penal. Brasília. 1940. Disponível em: <http://www.planalt o.gov.br/ccivil_03/decreto-lei/del2848compilado.htm>. Acesso em: 04 fev. 2020.

BRASIL. **Lei n.º 9.504, de 30 de setembro de 1997.** Lei das Eleições. Brasília, 2002. Disponível em: <http://www.planalto.gov.br/ ccivil_03/leis/l9504.htm>. Acesso em: 17 out. 2018.

BRASIL. **Lei n.º 10.406, de 10 de janeiro de 2002.** Código Civil. Brasília, 2002. Disponível em: <http://www.planalto.gov.br/cciv il_03/leis/2002/l10406.htm>. Acesso em: 17 out. 2018.

CÂMARA. **Comissões.** Câmara dos Deputados, Brasília, 56ª Legislatura - 2ª Sessão Legislativa Ordinária. Disponível em: <https://www.camara.leg.br/comissoes>. Acesso em: 11 abr. 2020.

CAMPOS, Leonardo Silveira. **Teatro, templo e mercado: Organização e marketing de um empreendimento neopentecostal (IURD)**. 2. ed. Petrópolis/São Bernardo: Vozes – UMES, 1999.

CANOTILHO, José Joaquim; MOREIRA, Vital. **Constituição da República Portuguesa:** anotada. Coimbra: Coimbra Editora, 2007.

CARREIRO, Gamaliel da Silva. Sobre a Lógica do Voto Evangélico no Brasil: Filiação Religiosa e seu Impacto na Política Brasileira. Século XXI, **Revista de Ciências Sociais,** v. 7, n. 2, p. 66–100, jul/dez. 2017. Disponível em: <https://periodicos.ufsm.br/seculox xi/article/view/31908/17572>. Acesso em: 20 abr. 2020.

CARVALHO NETO, Inácio de. **Abuso do direito**. Curitiba: Juruá, 2001.

CHAUÍ, Marilena. **Fundamentalismo religioso: a questão do poder teológico-político**. Buenos Aires: CLACSO – Consejo Latinoamericano de Ciencias Sociales, 2006.

CHEHOUD, Heloisa Sanches Querino. **A Liberdade Religiosa nos Estados Modernos**. 2. ed. São Paulo: Almerinda, 2017.

CONSELHO FEDERAL DE MEDICINA. **Resolução CFM n.º 1.021, de 16 de setembro de 1980.** Rio de Janeiro, 1980. Disponível em: <portalmedico.org.br/resolucoes/CFM/1980/1021_1980. htm>. Acesso em: 13 fev. 2020.

CONVENÇÃO AMERICANA DE DIREITOS HUMANOS. **Pacto de San José da Costa Rica.** San José De Costa Rica, 1969. Disponível em: <http://www.derechopenalenlared.com/legislacion/pacto-san-jose-costa-rica.pdf>. Acesso em: 18 out. 2019.

COSTA, Adriano Soares da. **Instituições de Direito Eleitoral – Teoria da Inelegibilidade – Direito Processual Eleitoral**. 10. ed. Belo Horizonte: Fórum, 2016.

COSTA, Emília Viotti da. **Da senzala à colônia**. 4. ed. São Paulo: Fundação Editora da UNESP, 1988.

CRETELLA, Jr. **Liberdades Públicas**. 4. ed. São Paulo: José Bushatsky, 1974.

CRUZ, Marcelo Pereira da. A Igreja Universal do Reino de Deus no" jogo do poder": a aliança com o Partido dos Trabalhadores nas eleições presidenciais de 2002. Dissertação (Mestrado em Ciências da Religião) – Pontifícia Universidade Católica de São Paulo. São Paulo, 2009. Disponível em: <https://tede.pucsp.br/bitstream/handle/2113/1/Marcelo%20Pereira%20da%20Cruz.pdf>. Acesso em: 27 abr. 2019.

CUTRIM, Mirla Regina da Silva. Abuso do poder religioso: uma nova figura no direito eleitoral?. **Associação dos Magistrados do Acre**, 2010. Disponível em: <https://asmac.jusbrasil.com.br/noticias/2388379/abuso-do-poder-religioso-uma-nova-figura-no-direito-eleitoral>. Acesso em: 04 maio 2019.

DIÁRIO. MPF manda retirar do ar vídeo de 'feijão da cura' do pastor Valdomiro. **Diário do Aço**, Região Metropolitana do Vale do Aço, 13 maio 2020. Disponível em: <https://www.diariodoaco.com.br/noticia/0078171-mpf-manda-retirar-do-ar-vadeo-de-feijao-da-cura-do-pastor-valdemiro>. Acesso em: 18 maio 2020.

DIP, Andréa. **Em nome de Quem**. Rio de Janeiro: Civilização Brasileira, 2018.

DUROZOI, Gérard; ROUSSEL, André. **Dicionário de Filosofia**. Tradução de Marina Appenzeller. Campinas: Papirus, 1993.

ECKSHMIEDT, Peter. **Liberdade Religiosa e Criminalização dos Rituais Religiosos**. Dissertação (Mestrado em Direito) – UNIFIEO – Centro Universitário FIEO. Osasco, 2013. Disponível em: <http://www.unifieo.br/pdfs/marketing/dissertacoes_mestrado_2013/PETER%20ECKSCHMIEDT.pdf>. Acesso em: 29 abr. 2020.

ENCYCLOPAEDIA BRITANNICA. Religious Freedom Restoration Act. **Encyclopædia Britannica**, inc., 01 jan. 2020. Disponível em: <https://www.britannica.com/topic/Religious-Freedom-Restoration-Act>. Acesso em: 19 maio 2020.

ÉPOCA. Políticos brasileiros são mais liberais do que o eleitorado, diz pesquisa. Época, Rio de Janeiro, 13 out. 2015. Disponível em: <https://epoca.globo.com/tempo/filtro/noticia/2015/10/politicos-brasileiros-sao-mais-liberais-do-que-o-eleitorado-diz-pesquisa.html>. Acesso em: 18 abr. 2020.

FERRARI, Odêmio Antônio. **Bispo S/A:** A Igreja Universal do Reino de Deus e o exercício de poder. São Paulo: Editora Ave Maria, 2007.

FERRARI, Odêmio Antônio. **A Igreja Universal do Reino de Deus e o Exercício do Poder: concepção e prática pós-moderna**. Dissertação (Mestrado). São Paulo, 2004.

FONSECA, Alexandre Brasil. **Evangélicos e mídia no Brasil.** São Paulo: Editora Universitária São Francisco, 2003.

FONSECA, Alexandre Brasil. **Secularização, pluralismo religioso e democracia no Brasil: um estudo sobre evangélicos na política nos anos 90.** Tese (Doutorado em Sociologia) – Faculdade de Filosofia, Letras e Ciências Humanas, Universidade de São Paulo. São Paulo, 2002.

FRESTON, Paul. **Evangélicos na Política Brasileira.** Curitiba: Encontrão Editora, 1994.

FRESTON, Paul. **Breve história do pentecostalismo brasileiro.** Petrópolis: Vozes, 1994b.

FRESTON, Paul. **Religião e Política, Sim. Igreja e Estado, Não. Os Evangélicos e a Participação Política.** 1. ed. Viçosa: Ultimato, 2006.

FREYRE, Gilberto. **Casa grande & senzala – Formação da família brasileira sob regime de economia patriarcal.** 9. ed., v. 2. Rio de Janeiro: José Olympio, 1958.

GIUMBELLI, Emerson. **A presença do Religioso no Espaço Público: Modalidades no Brasil.** Rio de Janeiro: Religião e Sociedade, 2008.

GOMES, Geórgia Daphne Sobreira Gomes. **O Poder da Igreja Universal do Reino de Deus: um estudo sobre a inserção sociopolítica dos neopentecostais no Brasil e suas implicações para a democracia.** Tese (Doutorado em Sociologia) – Pontifícia Universidade

Católica de São Paulo. São Paulo, 2010. Disponível em: <https://tede.pucsp.br/handle/handle/4181>. Acesso em: 10 maio 2020.

GUERRA, Alexandre. **Responsabilidade civil por abuso de direito**. São Paulo: Saraiva, 2011.

IBGE – Instituto Brasileiro de Geografia e Estatística. Censo 2010: Características gerais da população, religião e pessoas com deficiência. **IBGE**, 29 jun. 2012. Disponível em: <https://censo2010.ibge.gov.br/resultados.html>. Acesso em: 10 maio 2020.

KUFA, Amilton Augusto. O controle do poder religioso no processo eleitoral, à luz dos princípios constitucionais vigentes, como garantia do Estado Democrático De Direito. **Revista Ballot**, Rio de Janeiro, v. 2., n. 1., p. 113–135, jan./abr., 2016. Disponível em: <bibliotecadigital.tse.jus.br/xmliu/handle/bdtse/2714>. Acesso em: 20 maio 2019.

KUNG, Hans. **Spurensuche:** Die Weltreligionen auf dem Weg. 2. ed. Munique: ICON Group International, 1999.

LUNA, Everaldo da Cunha. **Investigação Judicial Eleitoral.** São Paulo: Edipro, 2014.

MACEDO, Edir. **A libertação da teologia.** Rio de Janeiro: Universal Produções, 1990

MACEDO, Edir; OLIVEIRA, Carlos. **Plano de Poder: Deus, os cristãos e a política.** Rio de Janeiro: Thomas Nelson Brasil, 2008.

MACEDO, Edir; OLIVEIRA, Carlos. **Vida com Abundância**. Rio de Janeiro: Universal Produções, 1990.

MACHADO, Jónatas Eduardo Mendes. **Liberdade religiosa numa comunidade constitucional inclusiva: dos direitos da verdade aos direitos do cidadão**. Coimbra: Coimbra, 1996.

MACHADO, Maria das Dores Campos. Religião, cultura e política. **Religião & Sociedade,** v. 32, n. 2, p. 29–56, 2012.

MAIA, Eduardo Lopes Cabral. Os evangélicos e a política. **Em Tese,** v. 2, n. 2, p. 1 – 22, 2006. Disponível em <https://periodicos.ufsc.br/index.php.emtese/arcicle/view/13538>. Acesso em: 29 abr. 2019.

MARIANO, Ricardo. **Igreja Universal: Do Reino de Deus: A Magia Institucionalizada**. São Paulo: Revista USP, Setembro/Novembro 2016.

MARIANO, Ricardo. **Neopentecostais: Sociologia do Novo Pentecostalismo no Brasil**. São Paulo: Loyola, 1999.

MARRAMAO, Giacomo. **Céu e Terra**. São Paulo: Fundação Editora da UNESP, 1997.

MARTINS, Humberto. Liberdade religiosa e estado democrático de direito. *In*: SORIANO, Aldir; MAZZIOLI, Valério (Org.). **Direito à liberdade religiosa: desafios e perspectivas para o século XXI**. Belo Horizonte: Editora Fórum, 2009.

MATOSO, Camila; SETO, Guilherme. Pastor R.R. Soares pede doações de fiéis por transferência bancária durante crise do coronavírus. **Folha de S. Paulo**, São Paulo, 24 mar. 2020. Disponível em: <https://www1.folha.uol.com.br/cotidiano/2020/03/pastor-rr-soares-pede-doacoes-de-fieis-por-transferencia-bancaria-durante-crise-do-coronavirus.shtml>. Acesso em: 21 maio 2020.

MCCOY, Terrence. *'Soldiers of Jesus': Armed neo-Pentecostals torment Brazil's religious minorities*. **The Washington Post**, Washington, 08 dez. 2019. Disponível em: <https://www.washingtonpost.com/world/the_americas/soldiers-of-jesus-armed-neo-pentecostals-torment-brazils-religious-minorities/2019/12/08/fd74de6e-fff0-11e9-8501-2a7123a38c58_story.html>. Acesso em: 30 abr. 2020.

MONTESQUIEU. **Do Espírito das Leis.** Traduzido por: Charles de Secondat, Baron de. São Paulo: Saraiva, 2000.

MORAES, Gerson Leite de. Neopentecostalismo – um conceito--obstáculo na compreensão do subcampo religioso pentecostal brasileiro. **REVER: Revista de Estudos da Religião,** v. 10, 2010. Disponível em <https://www.pucsp.br/rever/rv2_2010/t_moraes.pdf>. Acesso em: 23 mar. 2019.

ROCHA, Priscilla Ferreira Nobre. **Liberdade religiosa e os limites de intervenção de um Estado laico no âmbito das confissões.** Monografia (Graduação em Direito) – Pontifícia Universidade Católica do Rio de Janeiro. Rio de Janeiro, 2010. Disponível em: <https://www.maxwell.vrac.puc-rio.br/16241/16241.PDF>. Acesso em: 16 mar. 2020.

OLIVEIRA, Ilzver Matos de. Reconhecimento Judicial das Religiões de Origem Africana e o Novo Paradigma Interpretativo da

Liberdade de Culto e de Crença no Direito Brasileiro. **Revista de Direito Brasileira,** ano 5, v. 10, 2015.

OLIVEIRA, Isabel Isabel Cristina Veloso de. A teoria da escolha racional e o comportamento eleitoral neopentecostal. **Pensamento Plural,** v. 1, p. 3–58, 2012. Disponível em: <https://per iodicos.ufpel.edu.br/ojs2/index.php/pensamentoplural/article/view/3588>. Acesso em: 26 abr. 2019.

OLIVEIRA, Pamela. Número de candidatos pastores evangélicos aumenta 70%. **Extra,** Rio de Janeiro, 17 ago. 2014. Disponível em: Disponível em: <https://extra.globo.com/noticias/brasil/eleicoes-2014/numero-de-candidatos-pastores-evangelicos-aumenta-70-13627077.html> Acesso em: 28 abr. 2020.

ONU. **Declaração Universal dos Direitos Humanos.** Assembleia Geral das Nações Unidas em Paris, 1948. Disponível em: <https://nacoesunidas.org/direitoshumanos/declaracao/>. Acesso em: 20 out. 2019.

OPINIÃO PÚBLICA. 44% dos evangélicos são ex-católicos. **Datafolha,** São Paulo, 28 dez. 2016. Disponível em: <https://dataf olha.folha.uol.com.br/opiniaopublica/2016/12/1845231-44-dos-evangelicos-sao-ex-catolicos.shtml>. Acesso em: 20 maio 2020.

ORO, Ari Pedro. **Religião, Coesão Social e Sistema Político na América Latina.** São Paulo e Santiago: Instituto Fernando Henrique Cardoso e CIEPLAN – Corporación de Estudios para Latinoamérica, 2008.

PECCININ, Luiz Eduardo. **O Discurso Religioso na Política Brasileira. Democracia e Liberdade Religiosa no Estado Laico**. Belo Horizonte: Editora Fórum, 2018.

PINHEIRO, Maria Cláudia Buchianeri. Religião e Política: entre a liberdade de manifestação do pensamento e o abuso do poder religioso. *In*: ANJOS FILHO, Robério Nunes dos Santos (Org.). **Direitos humanos e direitos fundamentais: diálogos contemporâneos**. Salvador: Jus Podium, 2013. p. 472–496.

PINHEIRO, Maria Cláudia Buchianeri. **Ainda sobre Religião e Política e sobre o "Abuso do Poder Religioso"**: O Preocupante Cerceamento da Liberdade de Expressão e de Manifestação Política de Membros de Comunidades Religiosas pela Justiça Eleitoral. 2018.

PINSKEY, Jaime; BASSANEZI, Carla. **História da Cidadania do Brasil**. 6. ed. São Paulo: Contexto, 2013.

PLANIOL, Marcel. **Traité Élémentaire de Droit Civil – Tome Troiième**. Paris: Libraire Generale de Droit, 1910.

ROCHA, Camilo. A ascensão e influência das igrejas neopentecostais no Brasil. **Nexo**, São Paulo, 19 abr. 2020. Disponível em: <https://www.nexojornal.com.br/explicado/2020/04/19/A-as cens%C3%A3o-e-influ%C3%AAncia-das-igrejas-neopentecos tais-no-Brasil>. Acesso em: 21 abr. 2020.

SACONI, João Paulo; GILLINO, Daniel. Itamaraty concede passaportes diplomáticos a bispo Edir Macedo e à mulher, ambos da Igreja Universal. **O Globo**, Rio de Janeiro, 15 abr. 2019. Disponível em: <https://oglobo.globo.com/brasil/itamaraty-concede-

passaportes-diplomaticos-bispo-edir-macedo-a-mulher-ambos-da-igreja-universal-23599967. Acesso em: 10 jun. 2019.

SANTOS, Valmir Nascimento Milomen. Abuso do Poder Religioso: A Influência da Religião Evangélica no Processo Eleitoral Brasileiro. p. 95. *In*: SANTANA, Uziel. MORENO, Jonas. TAMBELINI, Roberto. **O Direito de Liberdade Religiosa no Brasil e no Mundo**. São Paulo: Editora Anajure, 2016.

SILVA, Vagner Gonçalves da. Concepções religiosas afro-brasileiras e neopentecostais: uma análise simbólica. São Paulo: **Revista USP** – n. 67, setembro/novembro 2015.

SOARES, R.R.. **Espiritismo A Magia do Engano**. São Paulo: Graça, 2009.

SOUZA, Charlyane Silva de. A liberdade religiosa no Estado laico. **Revista Jus Navigandi,** Teresina, 2016. Disponível em <https://jus.com.br/artigos/47749/a-liberdade-religiosa-no-estado-laico>. Acesso em 03 mai. 2019.

SOUZA, Josué de. **Religião, Política e Poder: Uma Leitura a Partir de Um Movimento Pentecostal**. Blumenau: EDIFURB, 2016.

STF. **Arguição de Descumprimento de Preceito Fundamental: ADPF n.º 54 DF**. Relator: Ministro Marco Aurélio de Mello. Julgada em: 12 de abril de 2012. Disponível em: <http://redir.stf.jus.br/paginadorpub/paginador.jsp?docTP=TP&docID=3707334>. Acesso em: 28 out. 2019.

STF. **Ação Direta de Inconstitucionalidade: ADI n.º 2.076 AC.** Relator: Ministro Calos Velloso. Julgada em: 08 agost. 2003.

STF. **Recurso Extraordinário: RE n.º 494601 RS.** Relator: Ministro Marco Aurélio. 2018.

SUPREME COURT. Graham v. Florida. **Equal Justice Initiative**, Alabama. Disponível em: <https://eji.org/cases/graham-v-flori da/pleadings/>. Acesso em: 19 maio 2020.

TOMAZELLI, Indiana; Adriana, FERNANDES. Bolsonaro pressiona Receita Federal a perdoar dívidas da igreja evangélica. **Estadão**, São Paulo, 30 abr. 2020. Disponível em: <https://econo mia.estadao.com.br/noticias/geral,bolsonaro-pressiona-receita-federal-a-perdoar-dividas-de-igreja-evangelica,70003287839>. Acesso em: 13 maio 2020.

TSE. **Recurso Especial Eleitoral n.º 287-84.2012.6.16.0196.** Rel. Min. Henrique Neves. Data de Julgamento: 15/12/2015. Disponível em: <https://tse.jusbrasil.com.br/jurisprudencia/469059275/ recurso-especial-eleitoral-respe-2878420126160196-manoel-ri bas-pr/inteiro-teor-469059327>. Acesso em: 28 maio 2020.

TSE. **Recurso Ordinário n.º** 7123 30/MT. Relator: Ministro Dias Toffoli. Pesquisa de Jurisprudência, Acórdãos, 11 abril 2014. Disponível em: <https://tse.jusbrasil.com.br/jurisprudenc ia/22438938/agravoregimentalemrecursoordinarioagrro712 330mttse/inteiro teor110684331>. Acesso em: 28 abr. 2019.

TST. **Recurso de Revista RR 5488920105090069.** 7ª Turma. Data de Julgamento 04/12/2018, Data de Publicação: DEJT

07/12/2018. Desembargador Relator Ubirajara Carlos Mendes. Disponível em: <https://tst.jusbrasil.com.br/jurisprudencia/656886950/recurso-de-revista-rr-5488920105090069/inteiro-te or-656886970>. Acesso em: 12 fev. 2020.

VALLE, J. Edênio dos Reis. **Psicologia e Experiência Religiosa**. São Paulo: Loyola, 1998.

WEBER, Max. **A ética protestante e o espírito do capitalismo**. Editora Martin Claret, 2005.

WILLAIME, Jean-Paulo. O pastor protestante como tipo específico de clérigo. **Revista Estudos de Religião.** São Paulo – UMESP, 2003.

Conheça melhor a editora Lumen Juris

🌐 www.lumenjuris.com.br
📷 @lumenjuriseditora
✉ publique@lumenjuris.com.br